U0723614

新时期田野文物保护及管理工作

崔萌萌　李秀娟　著

中国民族文化出版社

北　京

图书在版编目（CIP）数据

新时期田野文物保护及管理工作 / 崔萌萌，李秀娟
著 .-- 北京：中国民族文化出版社有限公司，2024.6
ISBN 978-7-5122-1899-4

Ⅰ.①新… Ⅱ.①崔… ②李… Ⅲ.①文物工作 – 研
究 – 中国 Ⅳ.① K87

中国国家版本馆 CIP 数据核字（2024）第 099764 号

新时期田野文物保护及管理工作
XINSHIQI TIANYE WENWU BAOHU JI GUANLI GONGZUO

作　　者　崔萌萌　李秀娟
责任编辑　何敬茹
责任校对　李文学
出 版 者　中国民族文化出版社　地址：北京市东城区和平里北街 14 号
　　　　　　邮编：100013　联系电话：010-84250639　64211754（传真）
印　　装　武汉鑫佳捷印务有限公司
开　　本　710mm×1000mm　1/16
印　　张　11.25
字　　数　180 千
版　　次　2025 年 1 月第 1 版
印　　次　2025 年 1 月第 1 次印刷
标准书号　ISBN 978-7-5122-1899-4
定　　价　88.00 元

前　言

在中国文化的长河中，田野文物是珍贵的遗产，它们承载着人类的历史、传统和文化精髓。然而，随着社会的快速变化和城市化进程的推进，许多田野文物面临着不同程度的危机，需要人们采取积极的措施来保护和管理它们。本书旨在深入研究田野文物的保护和管理工作，提供有关理论、法规、技术和实践案例的综合信息，以帮助广大读者更好地理解和应对这一挑战。无论您是从事文化遗产工作的专业人士，还是对文化遗产保护感兴趣的普通读者，本书都将为您提供有益的知识和启发，为田野文物的保护事业贡献一份微薄的力量。

目 录
CONTENTS

引 言

田野文物的重要性和价值

一、重要性

田野文物是历史文化遗产的重要组成部分，它们记录了一个地区、一个民族的历史和文化，保护田野文化是传承和保护历史文化的重要载体。然而，随着现代化进程的加速和城市化的发展，田野文物的保护面临着越来越多的挑战和困难。

随着城市化进程的加速，许多田野文物遗产被拆除或破坏，这不仅导致了田野文物的消失，还使得人们对历史文化的认知和传承受到了影响。这一现象在当今社会中普遍存在，不由得引发了人们对文化遗产保护的关注和思考。田野文物是一个国家和民族历史文化的珍贵载体，它们不仅具有极高的艺术价值，还蕴含着丰富的历史信息和文化底蕴。然而，由于城市化进程的加速和现代建筑的不断涌现，许多田野文物已经或面临着被拆除破坏的危险。这不仅意味着田野文物的丧失，也使得人们对历史文化的认知和传承受到了严重的影响。田野文物原本拥有着深厚的历史和文化底蕴，但随着过度开发和商业化的出现，许多游客涌入这些地方，导致当地的文化和环境受到了破坏，而当地居民也因为旅游业的发展带来的文化冲击而逐渐失去了对自己文化的掌控权。

因此，人们需要采取措施来保护这些珍贵的田野文物遗产。政府应该制定更加严格的法律法规来保护这些田野遗产，同时也应该加强对当地居民的教育和培训，让他们更加了解自己文化的价值和重要性。此外，相关部门也需要通过各种方式来传承和弘扬这些文化，让更多的人了解和认识它们的价值。只有这样，才能更好地保护这些珍贵的文化遗产，让它们在历史的长河中继续闪耀着光芒。

田野文物保护是一项非常重要的工作，因为这些文物是国家和民族历史文化的珍贵遗产。然而，在实际操作中，田野文物保护却面临着缺乏有效的法律保障和资金支持的困境。法律法规的执行力度不够是导致田野文物保护不足的一个重要原因。尽管国家已经出台了相关的法律法规，但是在实际执行过程中，由于种种原因，许多田野文物并未得到有效的保护和管理。有些地方的政府和相关部门对田野文物的保护不够重视，甚至存在违规开发、破坏文物等行为。此外，由于田野文物保护涉及的法律法规较为复杂，许多地方在执行过程中也存在着一定的难度和局限性。田野文物保护需要大量的资金投入，而政府投入的资金有限，这也是导致许多田野文物未得到充分保护和修复的一个重要原因。一些地方政府虽然已经出台了相关的资金支持政策，但是由于种种原因，这些政策的落实效果并不理想，资金支持的力度和持续性也存在问题。

为了解决田野文物保护面临的困境，可从以下三方面着手。首先，需要加强法律法规的执行力度和资金支持的力度。政府应该加强对田野文物保护的重视，完善相关的法律法规和政策，并加强执行力度，确保文物的保护和管理得到有效落实。另外，相关部门要加强田野文物保护的法律法规的制定和实施。政府应该加强对田野文物的监管和管理，对于那些破坏或盗窃田野文物的人应该依法严惩。其次，政府应该加大对田野文物保护的资金投入，鼓励社会力量参与文物保护事业，并提供一定的税收优惠等政策支持。对于一些具有较高历史文化价值的田野文物，政府还可以通过建立博物馆、设立保护基金等方式进行保护和修复。同时，也可以通过开展文化旅游、文化交流等活动，提高公众对田野文物的认识和保护意识，形成全社会共同参与的文物保护氛围。最后，加强田野文物的传承和教育。政府通过各种途径和方式，让更多的人了解和认识到田野文物的重要性，加强人们对历史文化的认知和传承。同时，政府也应该注重对青少年一代的教育，让他们更好地了解并热爱自己的历史文化，为未来的历史文化传承打下坚实的基础。

田野文物是历史文化遗产的重要组成部分，是传承和保护历史文化的重要载体。相关部门应该采取一系列措施来加强田野文物的保护和传承，让这些珍贵的文化遗产得以传承和发扬光大。同时，也应该加强与国际社会的合作，为保护和管理田野文物获取更多的支持和帮助。

二、价值

田野文物是中华文明的重要组成部分，也是国家珍贵的文化遗产。它们不仅见证了历史的发展，还蕴含了丰富的文化内涵和艺术价值。

（一）田野文物是历史研究极为宝贵的资料

这些文物不仅蕴含着丰富的政治、经济、文化等方面的信息，为现代人揭示了古代社会的真实面貌，还为学术研究提供了重要的线索和证据，为历史研究者提供了有力的支撑。同时，田野文物作为民族文化传承的重要载体，不仅见证了我国悠久的历史和文明，也承载着民族的智慧和精神。通过保护和传承这些文物，人们可以更好地了解国家的历史和文化，更好地传承和弘扬中华文化，为民族的未来发展奠定坚实的基础。因此，保护和传承田野文物不仅是历史研究的需要，更是民族文化传承的重要任务。每个人应该加强对田野文物的保护和传承意识，让这些珍贵的文化遗产得以永久保存，为民族的未来发展贡献力量。

（二）每一件田野文物都是饱含历史韵味和艺术价值的精美艺术品

这些文物种类繁多，包括青铜器、陶瓷、玉器等，它们不仅是古代工匠们卓越技艺的代表，更是民族独特审美情趣的集中体现。这些文物的存在，为现代人描绘出古代社会的风俗、习惯和思想观念，展现了民族深厚的历史底蕴和文化魅力。每一件田野文物，都是中华民族文化遗产的瑰宝，值得现代人倍加珍视和传承。田野文物中的青铜器，铸造精美，纹饰华丽，展现出古代工匠精湛的冶炼技术和造型设计能力。陶瓷器则以细腻的质地、优雅的造型和绚丽的釉彩而著称，反映出古代制陶工艺的高超水平。玉器则以温润的质地、精美的雕刻和独特的文化内涵而备受推崇，表现出古代工匠对自然美和艺术美的深刻理解。

（三）田野文物还有着深刻的社会价值

这些文物不仅是历史的见证，也是民族精神的象征，对凝聚社会共识、促进文化交流和推动经济发展等都有着积极的作用。田野文物是民族精神的象征。它们承载着中华民族的悠久历史和灿烂文化，是激发民族自信心和自豪感的重要载体。通过保护和传承这些文物，人们可以更好地弘扬中华文化，增强民族凝聚力，促进国家统一和民族团结。

（四）田野文物对促进文化交流具有积极的作用

这些文物不仅展示了中华民族独特的艺术风格和审美情趣，也体现了中华文明与世界文明的交流与融合。田野文物的展示和交流，可以增进国际社会对中华文化的了解和认识，促进不同文明之间的对话与交流。

田野文物的珍贵价值，不仅在于它们的艺术和文化内涵，更在于它们对于民族未来的意义和价值。作为珍贵的文化遗产，田野文物需要每一代人倍加保护和传承，让子孙后代也能够领略到它们的独特魅力和价值。因此，人们要倍加珍视和保护田野文物，让这些珍贵的文化遗产得以永久流传，为民族的文化繁荣和历史传承作出贡献。田野文物的保护和传承还需要全社会的共同努力。政府应该加强对田野文物的保护和管理，制定相关法规和政策来规范文物的挖掘、修复和展示等方面的工作。同时，广大公众也应该增强保护意识，积极参与田野文物的保护工作。只有全社会共同努力，才能让这些珍贵的文化遗产得以永久保存下来，并为国家的文化繁荣和发展做出贡献。

（五）田野文物的保护和传承不仅具有历史和文化的价值，还有助于推动地方经济的发展

这些文物是先人留给现代人的珍贵遗产，是人类身份认同和文化传承的重要载体。通过保护和传承田野文物，人们不仅可以铭记历史，更可以从中汲取力量，为未来的发展提供坚实的文化支撑。许多文物景点已经成为颇具吸引力的旅游胜地，吸引了成千上万的游客前来参观和旅游。这些游客的涌入为当地带来了可观的经济收入，推动了当地经济的发展。他们的消费不仅带动了相关产业的发展，如餐饮、住宿、交通等，也创造了大量的就业机会，提高了当地居民的生活水平。另外，田野文物的挖掘和修复工作也可以促进当地就业。许多专业人士投身于这项工作，为保护和传承田野文物做出了巨大的贡献。他们的努力不仅让更多的文物得以重现光彩，也带动了当地经济的发展，提高了当地居民的生活质量。由此可见，田野文物的保护和传承对于推动地方经济的发展具有重要意义。这不仅有助于传承历史文化，还能带来经济效益和社会效益的双赢。因此，相关部门应该重视田野文物的保护和传承工作，让尽可能多的文物得以保护和传承，为我国的文化和经济发展做出更大的贡献。

本书的目的与结构

本书旨在探讨新时期田野文物保护与管理的理论和实践。田野文物是指那些在农村、山区、草原等野外环境中发现的具有历史文化价值的文物，如古代墓葬、石刻、岩画、窑址等。这些文物是中华民族文化遗产的重要组成部分，对研究我国历史和文化具有重要意义。然而，随着社会的发展和城市

化进程的加速，田野文物保护与管理面临着诸多挑战。

本书的内容结构如下。

第一章：田野文物的概念与分类

本章将介绍田野文物的定义及田野文物的分类与特点及其与其他文物的区别。

第二章：田野文物的调查与发现

田野文物的调查和发现是文物保护工作的重要组成部分，对于了解和掌握文物的分布、数量、价值、保存状况等至关重要。本章将分析田野文物调查与发现方法及后续登记等处理。

第三章：田野文物保护的法律、政策及国际合作

本章将介绍相应法律法规、政策及其实施情况。此外，还介绍与其他国家、国际组织等在田野文物保护方面的合作及未来趋势。

第四章：田野文物保护的伦理原则与可持续性

本章将从伦理原则与文化敏感性、可持续性与田野文物保护、社区参与与合作伙伴关系等方面分析田野文物的保护工作。

参考文献

列出本书从构思到落笔乃至完成所参考的相关文献资料来源。

第一章 田野文物的概念与分类

第一节 田野文物的定义

田野文物，顾名思义，是指那些在田野中发现的具有历史文化价值的文物。这些文物是中华民族悠久历史和灿烂文化的见证，是现代人与先人们沟通的桥梁。通过对田野文物的保护和研究，现代人可以更好地了解过去，把握现在，展望未来。

田野文物的定义可以从以下几个方面进行阐述。

一、物质文化遗产

田野文物是一种珍贵的物质文化遗产，是先人们在漫长的历史长河中，通过生产、生活、艺术、科技等方面的实践和创新，创造和留下的宝贵财富。田野文物不仅仅是历史的见证，更是人类智慧和创造力的生动体现，包括了各种类型的艺术品，如绘画、雕塑、陶瓷等。这些艺术品在表现形式和制作工艺上，都凝聚了先人们的艺术追求和审美理念。此外，田野文物还包括了各种工具、建筑、器皿等，这些都是先人们在生产和生活方面的杰作，反映了当时的社会发展水平和人类智慧的结晶。田野文物的历史价值不仅在于它们的年代久远和稀有性，更在于它们所蕴含的人类智慧和创造力。这些文物是先人们为了满足生产和生活需要，不断尝试和创新的结果，体现了人类对自然和社会的认知和适应能力。同时，田野文物也是人们了解历史、研究文化、探索人类发展进程的重要依据。

二、自然与文化的结合

田野文物是人类在历史长河中创造并保留至今的珍贵遗产，它们不仅仅是人类创造的物质文化遗产，更是自然与文化的完美结合。这些文物通常在田野中，如古老的墓葬、祭祀遗址、农耕遗迹等，都承载着古人的生活方式和文明成果。

田野文物以其独特的形态和内涵，生动地展现了人类在不同历史时期的生产生活方式。例如，墓葬是人类对死者的一种纪念方式，反映了古人的生死观念和丧葬习俗；祭祀遗址则是古人表达对神灵崇敬和祈求，体现了他们对自然力量的敬畏和利用；农耕遗迹则展示了古人对土地的开发和利用，反映了他们对自然环境的认知和适应能力。此外，田野文物还承载着丰富的历史文化信息。通过对这些文物的深入研究，现代人可以了解古人的信仰、价值观、社会制度等方面的信息，从而更好地解读人类文明的发展历程。同时，田野文物也是人类与自然和谐相处的见证。在人类的生产生活中，他们不仅利用和改造自然，也尝试与自然和谐相处，保护环境，维持生态平衡。田野文物反映了古人在环境保护和生态平衡方面的智慧和努力。

因此，对田野文物的保护和利用，不仅是对人类历史和文化的传承和发展，也是对自然环境的尊重和保护。相关部门应该加强对田野文物的保护力度，通过科学的方法和技术手段，让这些珍贵的文化遗产得以永久保存，让更多的人了解和认识它们所蕴含的历史和文化价值。

第二节 田野文物的分类与特点

一、田野文物的分类

（一）石器文物

在历史的长河中，人类文明不断演进，留下了丰富的文化遗产。这些遗产中，田野文物作为人类活动的直接见证，具有不可替代的历史价值和文化意义。在田野文物中，石器文物因其耐久性和实用性成为研究古代人类社会生活的重要线索。田野文物中的石器文物是史前人类使用的一种重要工具，其历史可追溯至数百万年前。石器文物的制造和使用代表了人类早期文明的发展和进步。石器文物的制造需要经过选材、加工、磨制、钻孔等一系列工艺过程。在选材方面，古人通常选择质地坚硬、纹理清晰的石头作为原材料。经过加工和磨制后，石头被制作成各种器形，如斧、锛、镞、锄、铲、锤、耜、磨盘、磨棒、纺轮等，这些器形都与当时人们的生活和生产活动密切相关。石器文物的功能和用途非常广泛。例如，石犁是用于耕地翻土的工具，相比简单打砸出来的石斧、石锤等粗糙工具，磨制的石犁更加锋利耐用，推动了人类农业的高速发展。此外，石器文物还可用于制作装饰品、乐器等，甚至被用于祭祀和墓葬等。在考古学中，对石器文物的研究具有重要意义。通过对石器文物的类型、制作工艺和使用方式的研究，考古学家可以了解史前人类的生活方式、生产活动、技术水平和社会组织等方面的情况，有助于揭示人类文明的演进和发展过程。

1. 石器文物的历史价值

（1）反映古代人类生产生活方式

石器文物，这些古老的遗物，是古代人类生产生活的重要组成部分。通过对这些文物的观察和研究，现代人不仅可以了解古代人类的工具制造技术、生产方式和生活习惯，还可以洞察古代人类社会的演变和发展。例如，石斧和石锤等工具表明古代人类已具备较为先进的生产技能。这些工具的设计和制造都需要较高的技术水平和复杂的思维模式，说明古代人类已经掌握了较为成熟的工具制造技术。同时，这些工具的使用也说明了古代人类在生产活动中对石材的开发和利用已经有了较高的水平。石磨盘和石磨棒等文物则反映了古代人类对粮食加工的重视。这些工具的使用需要经过多道工序，且需要大量的人力物力投入，说明古代人类已经开始重视粮食的生产和加工，并且对农业的发展已经有了较为深入的认识和实践。

此外，通过对石器文物的观察和研究，现代人还可以了解到古代人类的社会结构和组织形式。例如，一些石器文物的出土位置和分布情况可以反映出古代人类的社会分工和生产组织形式。同时，一些石器文物的形制和装饰也可以反映出古代人类的审美观念和文化传统。石器文物是古代人类生产生活的重要组成部分，通过对这些文物的观察和研究，现代人可以了解到古代人类的工具制造技术、生产方式和生活习惯以及社会结构和组织形式等方面的信息。这些信息对现代人了解人类社会的演变和发展具有重要的意义。

（2）揭示古代人类社会的发展进程

石器文物的形制和用途是反映古代人类社会发展进程的重要标志。随着社会的不断进步，石器的形态和功能也逐渐发生了变化，从最初单一、实用的工具逐渐演变成了具有象征意义的饰品和礼器。这一演变过程揭示了古代人类社会从简单到复杂、从低级到高级的发展过程。

具体来说，在早期人类社会中，石器的主要功能是用于狩猎、农耕等实用目的。这些石器通常采用简单的打制技术，形状较为单一，主要是为了满足生存需求。然而，随着社会的发展和人类文化的进步，石器的形制和用途逐渐变得多样化，一些石器开始被赋予了象征意义，成为装饰品或礼器。这些变化不仅反映了古代人类社会的物质文明水平的不断发展，也体现了人类精神文明的不断进步。此外，石器文物还具有历史价值。这些文物是古代人类文明的见证，记录了人类在漫长历史发展过程中的生活方式、文化习俗和生产力水平。通过对这些文物的深入研究，现代人可以更好地了解古代人类社会的历史和文化。从石器文物的形制和用途的变化中，现代人可以看到人类对美的追求、对信仰的崇敬以及对社会等级的认同。这些变化也为现代人了解古代人类社会的发展提供了重要的线索和证据。通过研究这些文物，现代人可以更好地了解古代人类社会的物质文明和精神文明的发展历程。

2. 石器文物的文化意义

（1）艺术价值

这些古老的工艺品在历经数百万年的岁月洗礼后，不仅依然保持着其原始的实用功能，而且其精美的设计和精湛的制作工艺更使得它们具有极高的审美价值。石器文物的艺术价值不仅体现在其造型设计上，而且还体现在其雕刻技艺上。一些石器文物的造型别致，雕刻精细，无论是从视觉上还是从艺术角度来看，都堪称杰作。这些精美的石器文物不仅展示了古代人类高超的艺术水平，更反映了他们独特的审美观念和对美的追求。

（2）宗教信仰与仪式象征

在宗教信仰和仪式活动中，石器文物占据了举足轻重的地位。这些古老的文物，往往被用作祭品或仪式道具，寓意着古人对神灵的虔诚敬畏，或是为了向神灵传达他们的愿望和期待。石器文物不仅仅是物质遗产，它们在一定程度上也反映了古代人类的宗教信仰、社会习俗以及他们对待生活的态度和价值观。通过研究石器文物，现代人能够更好地了解古代人类的内心世界和精神追求，进一步揭示他们丰富的文化内涵和历史价值。

（3）族群认同与文化传承

石器文物作为历史的见证，不仅承载着古代人类的生活方式和文明成果，更具有族群认同和文化传承的重要意义。这些珍贵的文化遗产不仅反映了不同地区和族群独特的文化风格和特点，更是区分和识别不同文化的重要标志。通过石器文物，现代人可以更好地了解和认识各个族群的历史、文化和社会发展历程。

同时，石器文物也是族群文化传承的重要载体。它们承载着族群的历史和文化传统，代表着一种文化的精神和价值观。对于保持和传承民族文化而言，石器文物具有不可替代的重要作用。石器文物是古代人类智慧和创造力的结晶，代表着不同时期的人类文明的发展和进步。通过研究和传承这些文化遗产，现代人可以更好地了解人类社会的历史和文化传承，为现代社会的发展提供重要的借鉴和启示。同时，石器文物也是博物馆、考古机构等文化遗产保护单位的重要收藏品和展示对象。对石器文物的展示和教育，不仅可以提高公众对古代人类文明的认识和了解，而且可以促进文化交流和学术研究，推动人类文明的传承和发展。因此，石器文物的艺术价值不仅在于其审美价值，更在于其历史和文化价值。这些珍贵的文物是现代人了解和认识古代人类文明的重要途径，也是传承和发扬人类优秀文化遗产的重要载体。

此外，石器文物的保护和研究也具有深远的意义。通过深入研究石器文物，人们可以更好地了解人类文明的演进和发展历程，为人类社会的进步和发展提供重要的历史借鉴和文化支撑。因此，人们应该加强对石器文物的保护和研究工作，让这些珍贵的文化遗产得以永久保存并传承下去。

田野文物中的石器文物不仅是人类生产生活的实物见证，是古代美学观念发展的产物，更是文化传承的重要载体。通过对石器文物的深入研究，当代人可以了解古代人类的生产生活方式、社会的发展进程以及宗教信仰、艺术审美和文化传承等方面的情况。这些研究对于深化人们对人类历史和文化的认识具有重要意义。同时，保护和研究这些珍贵的文化遗产也有助于推动文化多样性的传承和发展。

（二）陶器文物

在广袤的田野上，埋藏着无数珍贵的文物，其中陶器文物更是不可或缺的一部分。这些陶器文物，有的出自名窑，有的出自民间，它们记录了我国陶器艺术的演变历程，也见证了古代社会的风俗与习惯。

1. 陶器文物的文化价值

陶器，作为我国古代工艺的瑰宝，其历史可以追溯到公元前 5000 年的新石器时代。这一时期的陶器皿，如陶罐、陶壶等，以其朴素、实用的造型和简单的装饰，展现出古人的生活状态和工艺水平。这些陶器皿的造型往往简单大方，装饰也仅仅是些简单的纹理和图案。但正是这些朴实无华的造型和装饰，为现代人揭示了古人的审美观念和生活习惯。

随着时间的推移，陶器技艺不断进步，唐三彩、宋三彩、明清紫砂壶等陶器艺术品应运而生。这些艺术品不仅具有极高的审美价值，更反映了不同历史时期的社会风貌和文化特色。唐三彩以其明亮的色彩和生动的造型，展现了盛唐时期繁荣、开放的社会风貌；宋三彩则仿唐三彩，以恬静温润、自然淳朴的形象，体现了宋代文人雅士的文化情操；明清紫砂壶则以其独特的造型和精致的工艺，彰显了古代手工艺人的高超技艺。这些陶器艺术品，不仅是中国古代工艺的瑰宝，更是全人类的文化遗产。同时，陶器也是中国文化的重要载体。它不仅在日常生活中扮演着重要角色，还经常被用作礼仪用品和装饰品。在中国传统文化中，陶器具有特殊的意义，被视为吉祥物和财富的象征。许多陶器制品都有特殊的寓意和象征意义，如"鱼"寓意年年有余，"花"寓意花开富贵，"龙"和"凤"则代表权力和地位。此外，陶器也是中国对外文化交流的重要载体之一。中国的陶器技艺和美学观念对世界产生了深远的影响。中国的陶器在历史上曾远销海外，为世界各地的人们带来了中国文化的气息。同时，中国的陶器技艺也影响了世界各地的陶器制造业。中国的唐三彩、宋三彩等技艺被世界各地的陶器艺人所借鉴和发扬光大。陶器是中国古代工艺的瑰宝，具有极高的历史、文化、艺术价值。它不仅是中国的宝贵财富，也是全人类的共同遗产。人们应该珍视并传承这一优秀的文化遗产，让它在新的历史时期焕发出更加绚丽的光彩。

2. 陶器文物的历史价值

中国陶器的历史价值是多维度的，它不仅见证了中国悠久的文明发展，也是中国传统文化的重要载体。中国是世界著名的陶瓷之国，其陶器制作技术源远流长，最早可追溯至新石器时代，如仰韶文化和龙山文化中的彩陶。

在漫长的历史进程中，中国陶器经历了从原始的陶器到精致的瓷器的演变。汉代的釉陶、唐代的三彩、宋代的三彩、明清的紫砂壶等，每一种陶器都代表了当时工艺的巅峰，反映了社会的审美趋向和技术水平。

中国陶器在艺术表现上具有极高的成就。无论是器形的多样性、纹饰的精美，还是釉色的丰富，都展现了中国陶艺的深厚底蕴。特别是唐代的唐三彩，以其雍容华贵的审美特点，被誉为"陶器艺术的巅峰"。

唐三彩是唐代陶瓷工艺的杰出代表，以其绚丽多彩的釉色和生动的造型闻名于世。它是一种低温铅釉陶器，主要色彩包括黄、绿、白，但不限于此，还包括褐、蓝、黑、紫等多种颜色。唐三彩的制作工艺十分复杂，从原料的挑选、舂捣、淘洗、沉淀、晾干，到使用模具制成胎体，再到经过1000~1100℃的素烧，以及850~950℃的釉烧。釉料中使用含铜、铁、钴等元素的金属氧化物作为着色剂，形成丰富的色彩效果。

唐三彩的诞生与唐代的社会背景密切相关。唐代是中国古代社会的鼎盛时期，国力强盛，文化繁荣，厚葬之风盛行，唐三彩作为冥器，反映了当时的审美趣味和社会风尚。唐三彩的题材丰富多样，包括人物俑、动物俑、生活用具和建筑模型等，它们不仅具有实用价值，更具有很高的艺术价值和历史价值。

唐三彩的出土地点主要集中在河南、陕西等地，这些地区在唐代是政治、经济、文化的中心。唐三彩的发现为我们研究唐代社会提供了宝贵的实物资料。此外，唐三彩的影响力远播海外，在印度、日本、朝鲜、伊朗、伊拉克、埃及、意大利等国家均有发现，显示了唐代文化的广泛影响力。

总的来说，唐三彩不仅是唐代陶艺的瑰宝，也是中国传统文化的重要组成部分，它以其独特的艺术魅力和深厚的文化内涵，成为中外文化交流的桥梁和纽带。

宋三彩则在仿制的基础上增添了自己的特色。宋三彩是宋代生产的低温三彩釉陶器，继承了唐代三彩的工艺，并有所发展。与唐三彩相比，宋三彩在器形、釉色、装饰技法等方面都有其独特之处。宋三彩的器形主要以实用器为主，如枕、灯、盒等，釉色主要有淡黄、浓绿、酱紫等，虽然不如唐三彩光润丰富，但呈现出浑厚凝重、幽深古朴的风格。

宋三彩的装饰技法更为丰富，除了传统的釉色装饰外，还有划花、印花、横印、堆塑和贴花等，其中以刻划法最为主要。在第一次烧成涩胎后，工匠会按照纹饰的需要填充彩色釉，然后再经第二次烧成。宋三彩的釉色在唐三彩、辽三彩的基础上，增加了艳红、乌黑、酱色，并新创了翡翠釉，色泽青翠明艳。

宋三彩的产地主要在河南禹州、鲁山、内乡、宜阳等地。宋三彩的器物主要是日用器皿，如瓶、枕、盘等，其中以枕为大宗，画面具有浓郁的民间生活气息，填色规整，不见蓝釉 。宋三彩的制作不仅注重实用性，也融入了艺术性，使其成为陶艺珍品。

此外，中国陶器在历史上还扮演了重要的经济和文化交流角色。通过丝绸之路等贸易路线，中国陶器远销海外，对世界陶瓷艺术产生了深远的影响，促进了东西方文化的交流与融合。

中国陶器的历史价值还体现在其对后世的启示上。它不仅是研究中国古代社会经济、文化、科技等方面的重要实物资料，也为现代陶瓷艺术的发展提供了丰富的灵感和参考。总之，中国陶器是中华民族文化宝库中的瑰宝，具有不可估量的历史、艺术和科学价值。

3. 陶器文物的保护与传承

面对数量庞大且价值珍贵的陶器文物，保护工作显得尤为重要。为了确保这些无价之宝能够永久保存下去，相关人员必须采取科学且合理的方法来保护和修复陶器文物。这包括对文物进行严格的监控、分类、登记和包装，以及为它们提供适当的存储环境和安全措施。这样可以有效地防止文物的进一步破损和丢失，确保这些珍贵的文化遗产得到充分的保护。当然，政府部门也应出台、完善相应法律法规，为文物的保护提供坚实的后盾。

除了物质层面的保护，还要重视对陶器文物背后历史和文化的传承。通过加强公众教育，提高大众对陶器文物的认识和保护意识，能够让更多人了解文物的历史价值和文化内涵。这有助于培养人们对陶器文物的敬畏之心，激发他们对传统文化的兴趣和热爱。

在传承方面，相关人员要将传统的制陶技艺与现代科技相结合，推动陶器产业的发展和创新。引入现代技术和设计理念，可以为传统制器工艺注入新的活力，创造出更具时代感和实用性的陶器制品。这将有助于拓宽陶器产品的市场销路，提高其经济效益，为制陶行业的发展提供更广阔的空间。同时，也要加强对陶器传统工艺的保护和传承。建立完善的传承机制和培训体系，可以让更多的人了解和学习这门古老的艺术形式。鼓励大师级工匠传承技艺，能够培养出一批又一批优秀的制陶人才，确保陶器工艺的薪火相传。

这将有助于维护和发扬中华民族的传统文化瑰宝，让更多人领略到陶器艺术的魅力。

（三）玉器文物

在广袤的田野中，隐藏着众多文物，其中玉器文物以其独特的形态和深远的历史内涵，引起人们的浓厚兴趣。这些玉器文物，不仅是古人智慧和技艺的结晶，更是现代人了解古代社会生活、审美观念和宗教信仰的重要途径。玉器起源于新石器时代，当时的人们已经开始利用玉制作工具和饰品。随着社会的发展，玉器的制作工艺和造型设计也日益复杂。到了明清时期，玉器制作技艺已经达到炉火纯青的地步，成为皇家贵族和社会名流彰显身份和地位的象征。

1. 田野文物中的玉器种类与特点

田野文物中蕴藏着众多种类的玉器，它们各有特色，用途各异。

礼器类玉器如玉璧、玉琮等，是古人用于祭祀和典礼活动的珍贵物品。这些玉器在选材上非常讲究，多采用优质的玉石材料，经过精心的磨制和雕刻，呈现出完美的形态和纹理。在祭祀和典礼活动中，这些玉器不仅代表着古人的信仰和崇敬，也彰显了使用者的身份和地位。

饰品类玉器如玉佩、玉镯等，则以其精美的工艺和独特的造型吸引着人们的目光。这些玉器在制作过程中，运用了多种工艺手法，如雕刻、镶嵌、抛光等，使得其外观更加华丽、精美。同时，这些玉器的造型也独具匠心，如玉佩常常被制作成各种动物、植物或神话传说中的形象，而玉镯则多以优美的曲线和独特的形态展现出来。

葬器类玉器如玉琀、玉握等，则是古人视死如生的观念体现。在古代，人们认为死亡并不是生命的结束，而是另一个生命的开始。因此，在葬礼上，古人会使用一些贵重的物品作为陪葬品，以帮助死者在另一个世界中生活得更好。其中，玉琀和玉握就是最为常见的两种葬器。玉琀通常被放在死者的口中或手中，寓意着保护死者的安全和幸福；而玉握则被握在死者的手中，象征着财富和地位。

除了以上三种类型的玉器，田野文物中还有许多其他种类的玉器，如玉带、玉杯、玉樽等。这些玉器的特点主要表现在其选材上乘、工艺精湛、造型独特等方面。在制作过程中，古代的工匠们充分发挥了自己的技艺和想象力，将玉石材料加工成各种形态各异、精美绝伦的玉器。这些玉器的出现不仅体现了古人对玉石的崇拜和信仰，也为现代人了解古代社会和文化提供了宝贵的资料。

2. 玉器文物的价值与意义

（1）艺术价值

玉器的造型设计和工艺制作充分展示了古人的独特审美观念和精湛艺术创造力。这些堪称完美的艺术品，无论是从设计理念、材料运用，还是制作技艺都体现了古人对美的独特追求和出色的创造力。它们无疑是一件件具有历史价值、艺术价值和人文价值的瑰宝，令现代人赞叹不已，同时也为现代人了解古代艺术发展提供了重要的途径。这些玉器不仅造型各异，而且工艺精湛，使得每件作品都充满了独特的艺术魅力。古人巧妙地利用了玉石的天然纹理和色彩，通过精雕细琢，使得每件作品都栩栩如生，仿佛能够讲述一段古老的故事。玉器的造型设计往往寓意深刻，反映了古代社会的风俗、信仰和习惯。例如，一些玉器被用作礼器，用于祭祀神灵和祖先，寓意着祈求神灵的保佑和祖先的庇护；一些玉器则被用作饰品，如玉佩、玉镯等，寓意着身份地位和审美情趣；还有一些玉器被用作殓葬品，寓意着死者的尊严和永生。

玉器的造型设计和工艺制作不仅展示了古人的审美观念和艺术创造力，也为现代人了解古代社会提供了重要的途径。这些精美的艺术品无疑是人类宝贵的文化遗产，值得现代人深入研究和欣赏。

（2）历史价值

玉器文物中蕴含着丰富的历史信息，这些信息如同一面历史的镜子，映射出古代社会的礼仪制度、宗教信仰、工艺技术等多方面的文化面貌。这些珍贵的文物，不仅仅是见证历史的实物，更是现代人了解古代社会生活、文化、经济等方面的关键线索。通过对这些玉器文物的深入研究，现代人可以更深入地了解古代社会的历史和文化，为现代社会的发展提供宝贵的借鉴和启示。玉器文物的每一处细微的痕迹，都可能包含着重要的历史信息。比如，它们的制作工艺、造型、纹饰等，都能反映出古代社会的风俗习惯、价值观念和审美趣味。这些信息对现代人了解古代社会的精神世界、生活方式和历史文化传承，具有重要的价值。

通过对玉器文物的深入研究，还可以更深入地了解古代社会的宗教信仰和礼仪制度。例如，某些玉器文物的造型和纹饰可能代表着特定的宗教信仰或礼仪制度。专家通过对这些文物的解读，可以更好地了解古代社会的宗教信仰和礼仪制度的内涵和特点。此外，玉器文物也是工艺技术的珍贵载体。通过研究这些古玉，现代人可以了解到古代社会的文化、宗教、政治等多方面的信息。同时，古玉的制作工艺也为现代人提供了了解古代科技发展的重要途径。古人是如何利用简陋的工具制作出如此精美的玉器，这无疑是一个令人惊叹的奇迹。这些玉器的制作需要经过多道工序和精细的加工，其工艺技术的运用和表现，不仅体现了古代工匠们的技艺水平，也为相关人员提供了了解古代工艺技术发展的重要线索。玉器文物中蕴含的历史信息对现代人了解古代社会的生活方式、价值观念、历史文化传承等具有重要的意义。通过对这些文物的深入研究，现代人可以更好地了解历史，并为现代社会的发展提供有益的借鉴。

（3）文化价值

玉器文物是中国文化的重要象征之一，它们不仅仅是物质财富，更是中华民族优秀传统文化的代表和传承。这些精美的艺术品经历了数千年的历史沉淀，其独特的形态、工艺和色彩都蕴含着深厚的文化内涵和历史价值。玉器文物的传承和发展不仅见证了中国文化的辉煌历史，也对人们传承和发扬中华民族的优秀传统文化具有重要意义。

玉器文物不仅具有极高的艺术价值和历史价值，更是中华民族传统文化的重要组成部分。它们代表着古代中国人民的智慧和创造力，是中华文明传承至今的重要见证。通过研究和欣赏玉器文物，人们可以更加深入地了解中华民族的历史和文化，进一步增强民族自豪感和文化自信心。

同时，玉器文物也是中华文化在国际交往中的重要代表之一。作为世界文化遗产的重要组成部分，玉器文物在向世界展示中华文化的独特魅力和深厚底蕴方面发挥着重要作用。通过精美的玉器文物，世界各地的人们可以更加深入地了解中国的历史和文化，进一步促进国际间的文化交流和相互了解。

因此，保护、传承和发展玉器文物不仅是人们的责任和使命，更是对中华民族优秀传统文化的弘扬和传承。相关人员要不断加强对玉器文物的保护和修复工作，让这些珍贵的文化遗产得以传承和发扬光大，为中华民族的文化繁荣做出更大的贡献。

（四）瓷器文物

中国是瓷器的故乡，瓷器是中国古代的一项重要发明。中国瓷器具有独特的风格和特点，其历史悠久、品种繁多、技艺精湛、造型优美，是中华民族的瑰宝。瓷器文物是中国文化的重要组成部分，其发展历程与中国的历史、文化、艺术等密切相关。从商周时期的原始青瓷到明清时期的彩瓷，瓷器的制作工艺和装饰手法不断进步，成为中国古代工艺美术的代表之一。在瓷器文物的制作工艺方面，古代工匠们采用了多种手法和技术。例如，在唐代时期，工匠们开始运用釉色和釉料来增加瓷器的美观度和价值。到了宋代，景德镇的青瓷和白瓷成为当时的代表作品，其细腻的胎质、釉质的温润以及刻花、划花、印花等装饰手法的运用，都体现了中国古代瓷器制作的高超技艺。

在瓷器文物的造型方面，不同时期、不同地域的瓷器有着不同的特点。例如，唐代时期的瓷器造型圆润饱满，装饰简约大方；宋代时期的瓷器造型秀丽挺拔，装饰精致细腻；元代时期的青花瓷器则以其优美的造型和精湛的绘画技艺而闻名于世。

瓷器文物不仅是艺术品，更是历史的见证。它们记录了古代中国的政治、经济、文化等方面的发展历程。同时，瓷器文物也是国际文化交流的重要载体，对中外文化交流起到了积极的推动作用。

1. 瓷器文物的历史价值

瓷器文物是中华文明的重要组成部分，具有极高的历史价值。它们不仅反映了古人的智慧和技艺，还见证了各个历史时期的社会变迁和文化发展。瓷器文物的历史价值主要体现在以下几个方面。

（1）文化传承价值

瓷器文物是中华民族传统文化中不可或缺的重要载体，它们承载着古人的智慧和创造力，体现了中华民族深厚的历史底蕴和文化底蕴。通过研究这些精美的瓷器文物，现代人可以深入探索古人的审美观念、文化传统和社会风俗，感受那个时代的独特韵味和魅力。同时，瓷器文物也是传承和弘扬中华民族优秀文化的珍贵财富。这些文物不仅仅是艺术品，更是中华民族文化的瑰宝，具有极高的历史、艺术、文化和科学价值。通过保护和研究瓷器文物，人们可以更好地传承和弘扬中华民族的优秀传统文化，激发民族自豪感和自信心，对维护和弘扬民族文化自信具有重要意义。

此外，瓷器文物还是连接过去和现在的桥梁，为人们提供了了解古代社会生活、文化交流和经济发展的重要线索。通过对瓷器文物的深入研究，人们可以更好地认识和了解中华民族历史和文化的发展演变，为现代社会的发展提供重要的借鉴和启示。

（2）艺术鉴赏价值

瓷器文物，这些古老的工艺品，拥有一种独特的艺术魅力，令人陶醉。其造型、纹饰和制作工艺都体现了古代艺术家的精湛技艺和非凡创造力。这些艺术家用心选材，精心设计，熟练的技艺和巧妙的构思使得每一件瓷器都成为一件艺术品。瓷器文物的艺术鉴赏价值不仅为人们提供了美的享受，还为艺术家提供了丰富的灵感和素材。这些灵感和素材可以激发艺术家的创作热情，使他们创作出更多具有创新性和独特性的作品。同时，瓷器文物的艺术魅力也吸引了众多收藏家和研究者，他们不断地探索和研究这些文物的历史、文化和艺术价值。瓷器文物不仅具有极高的历史和文化价值，更具有独特的艺术魅力。它们是人类文化遗产的重要组成部分，为人们提供了宝贵的历史见证和文化传承的载体。

（3）科学研究价值

瓷器文物是古代科技史研究的重要对象。这些珍贵的文化遗产不仅涉及材料科学、化学、物理学等多个领域，而且还反映了古人对自然界的认知、探索和实践成果。通过对瓷器文物的成分、结构、制作工艺等方面的深入研究，人们可以更加深入地了解古代科技的发展水平，揭示古代科学的进步对人类文明进程的深远影响。

瓷器文物的成分研究涉及材料科学和化学领域。古人利用天然矿物和植物原料，经过复杂的化学反应和物理变化过程，制造出具有特定成分和结构的瓷器。通过对瓷器文物成分的精确分析，相关人员可以了解古人对化学知识的掌握程度和应用能力。例如，通过对瓷土成分的分析，可以了解古人对黏土矿物的分类、提纯和加工技术；通过对釉料成分的分析，相关人员可以了解古人对矿物原料的选择、加工和配方工艺。

古人通过不断探索和实践，逐渐发展出一套完整的瓷器制作工艺体系，包括原料加工、坯体成型、釉料制备、烧成等众多环节。通过对瓷器文物制作工艺的深入研究，专家可以了解古人对科学技术的掌握程度和应用能力。例如，通过对不同时期、不同地区瓷器制作工艺的比较分析，专家可以深入了解古代科技的发展历程和传播途径；通过对瓷器制作工艺的细节进行深入研究，专家可以揭示出古代手工业生产的组织形式和技术传承方式。

瓷器文物作为古代科技史研究的重要对象，不仅涉及材料科学、化学、物理学等多个领域，而且反映了古人对自然界的认知、探索和实践成果。通过对瓷器文物的深入研究，可以更加深入地了解古代科技的发展水平，揭示古代科学的进步对人类文明进程的深远影响。同时，这些研究成果也为现代科学技术的发展提供了宝贵的借鉴和启示。

（4）历史见证价值

瓷器文物是各个历史时期的实物见证，它们不仅具有独特的艺术价值，还承载着丰富的历史文化信息。这些珍贵的文物可以为现代人提供各个时期的社会政治、经济、文化等方面的情况，为历史研究提供可靠的依据。通过对不同时期、不同地域的瓷器文物的深入研究，现代人可以更好地了解古代社会的演变和发展，为现代社会提供有益的启示。东汉晚期，中国烧造出了普遍意义上的成熟瓷器，这标志着中国完成了从陶到瓷的过渡，成为世界上最早的瓷器发明国。唐代是中国陶瓷的鼎盛时期之一，形成了南方以越窑为代表的青瓷和北方以邢窑为代表的白瓷的生产格局，反映了当时社会经济文化的繁荣。宋代是中国瓷器艺术发展的高峰，出现了汝、官、哥、定、钧五大名窑，以及龙泉窑、景德镇窑等。这些瓷器在造型、釉色、装饰上都有很高的艺术成就，反映了宋代社会对美的追求和审美趣味。明清时期，御窑厂的设立推动了瓷器制作的技术创新，尤其是青花、彩绘和颜色釉瓷的发展，景德镇逐渐成为全国制瓷中心，体现了这一时期瓷器制作的高超技艺和审美风格。从中唐开始，中国陶瓷大量行销海外，宋元时期海上贸易蓬勃发展，明清时期中国瓷器远销欧美，推动了早期贸易全球化的形成，瓷器成为中外文化交流的重要载体。因此，对瓷器文物的研究具有重要的历史意义和现实意义。此外，瓷器文物还是古代工匠们精湛技艺的结晶，代表着不同时期的生产力和审美水平。

因此，瓷器文物的研究不仅具有历史、文化、艺术等多方面的价值，还是现代人认识和了解古代社会、传承和弘扬中华民族优秀传统文化的重要途径。政府应该加强对瓷器文物的保护和研究工作，为历史研究和文化传承做出更大的贡献。

（5）收藏鉴赏价值

瓷器文物，这些古老的工艺品，具有无与伦比的不可复制性和稀缺性。

正是这些特性使得瓷器文物成为一些收藏家钟爱的收藏品。这些收藏家深知，这些瓷器文物的价值不仅仅在于其精美的工艺和独特的外形，更在于它们承载的历史信息和传统文化内涵。

通过对瓷器文物的鉴赏，现代人可以深入了解古代制瓷工艺的精湛技艺和深厚文化底蕴。每一件瓷器文物都如同一个时间的印章，见证着历史的变迁，诉说着古代工匠们的智慧和心血；而收藏家们通过对瓷器的深入研究和学习，能够逐渐提高对传统文化的认识和理解，进一步丰富自己的精神文化生活。

此外，瓷器文物的鉴赏和收藏还具有很高的艺术价值和审美价值。这些文物不仅具有历史价值，更是一件件艺术品。它们的造型、图案、色彩等方面都展现出了极高的艺术水准，令人叹为观止。通过欣赏这些瓷器文物，现代人可以感受到古代工匠们的巧思和才华，领略到传统文化的独特魅力和深厚底蕴。瓷器文物不仅具有极高的收藏价值，还是人们了解传统文化、丰富精神生活的重要途径。通过对瓷器文物的鉴赏和收藏，人们可以更好地传承和发扬中华优秀传统文化，让这些珍贵的文化遗产得以永传后世。

瓷器文物的历史价值不仅仅在于其经济价值和艺术价值，更重要的是它们所蕴含的文化内涵和历史信息。研究和保护瓷器文物不仅是对古代文明的尊重和传承，也是对中华民族优秀文化的弘扬和发展。

（五）铜器文物

铜器文物是中华文明的重要组成部分，其历史可以追溯到商周时期。这些铜器文物不仅具有极高的艺术价值，还蕴含着丰富的历史信息和文化内涵。青铜器是商周时期最为重要的器物之一，其制作工艺和造型设计都体现了当时高超的技艺水平。例如，著名的司母戊大方鼎，是目前为止发现的最大的青铜器之一，其庄重而神秘的造型设计和精湛的铸造工艺都令人叹为观止。此外，还有许多青铜器物如尊、盘、壶等，其造型和装饰也都充满了独特的艺术价值和历史意义。

除了商周时期的青铜器，还有其他时期的铜器文物同样具有很高的历史和文化价值。例如，汉唐时期的铜鼎、铜镜等器物，其制作工艺和造型设计都体现了当时文化的独特魅力。这些铜器文物的背后，不仅反映了当时社会的物质文化生活，还体现了当时社会的思想观念和文化精神。

1. 铜器文物的历史价值

铜器文物是古代文明的重要标志之一，不仅见证了古代社会的演变和发展，还承载了丰富的历史文化内涵。通过对铜器的研究，现代人可以深入了解古代社会的生产技术、艺术观念、社会风俗等方面的信息。例如，商周时期的青铜器以其精美的工艺和高度发达的青铜文明为特征，这些青铜器不仅在生产过程中融入了当时最先进的铸造技术，还在造型和纹饰方面展现了独特的艺术观念和社会文化。这些青铜器不仅是权力和地位的象征，还是当时社会文化的重要载体。春秋战国时期的铜器则体现了铁器时代的到来和礼制的变革。在这个时期，铜器的制作技术和造型风格发生了很大的变化。这不仅反映了当时生产力的进步和技术的革新，还体现了社会风俗和礼仪制度的变革。这些铜器不仅具有实用价值，还是研究当时社会文化的重要历史资料。铜器文物的研究不仅有助于现代人了解古代社会的历史和文化，还能揭示古代文明的发展进程和人类社会的演变。

2. 铜器文物的文化意义

铜器作为中国古代文明的重要组成部分，具有深远的文化意义。早在新石器时代晚期，中国就出现了青铜器；到了商周时期，青铜器制作达到了鼎盛，成为社会地位和权力的象征。铜器不仅是实用工具，更是祭祀、礼仪和战争的重要器物，承载着宗教信仰、社会制度和审美观念。

铜器上的纹饰和铭文，记录了古代社会的历史、文化和艺术，是研究古代文明的宝贵资料。如商代的青铜器上常见的饕餮纹、夔龙纹等，展现了古人对神秘力量的崇拜和对自然现象的观察。同时，铜器的铸造技术反映了古代中国的科技水平，如失蜡法等精密铸造技术至今仍被广泛使用。

此外，铜器在文化交流中也扮演了重要角色。丝绸之路上的铜器交易，促进了东西方文化的交流与融合。铜器的传播不仅包括器物本身，还包括铸造技术和艺术风格的传播，对世界其他地区的铜器文化产生了深远影响。

总之，铜器文物是中国古代文明的见证，不仅反映了古代社会的生产技术、社会结构和宗教信仰，也是艺术创作和文化交流的重要媒介，对后世产生了深远的影响。

铜器文物不仅是历史的见证者，更是文化的瑰宝。它们以独特的姿态和内涵，向现代人展示了古人的智慧、信仰、习俗和精神追求。这些珍贵的铜器文物，犹如历史的明灯，照亮了现代人探索历史与文化的道路，为现代人提供了宝贵的历史线索。

田野文物中的铜器文物是历史的见证，文化的瑰宝。它们反映了古代社会的生产技术、艺术观念和社会风俗，为现代人了解过去提供了宝贵的资料。然而，这些文物也面临着保护和传承的挑战。相关部门应该加强田野文物的考古发掘和整理工作，提高公众对铜器文物的认识和保护意识，通过多种途径展示铜器文物的魅力，让更多的人参与到文物保护事业中来。只有这样，才能让这些历史的瑰宝得以永存，为后人留下宝贵的文化遗产。

（六）其他金属器文物

除了上述提到的青铜器和铜器文物，还有其他金属器文物在人类历史中扮演着重要的角色。例如，金器文物通常与贵族和皇室成员有关，银器文物则常被用于制作饰品和装饰品。

金器文物可以追溯到公元前 3000 年左右的古代文明时期。这些文物通常与葬礼和祭祀有关，因为黄金被认为是一种贵重的金属，可以保护死者的身体不受腐蚀。在古代文明中，黄金还被用于制作饰品、雕像和其他艺术品，以展示权力和地位。

银器文物也具有悠久的历史，被用于制作饰品、餐具、装饰品等。在古代文明中，银器文物通常也被视为财富和地位的象征。此外，银器文物还被用于制作医疗器具，如手术刀和针头，因为银具有抗菌和抗炎的作用。

　　另外，还有各种其他金属器文物，如铅器、锌器、锑器等。这些金属器文物在历史上的用途各不相同，但都具有重要的历史和文化价值。金属器文物是文化遗产中的重要组成部分，为现代人提供了关于古代文明、技术、艺术和社会历史的宝贵信息。金属器文物不仅仅是历史的见证，更是人类智慧和创造力的结晶。它们的制作工艺和设计理念在当时都是极为先进的，反映了古人对自然和社会的认知与理解。例如，古代的炼金术士试图通过神秘的工艺将普通的金属转化为黄金，这种追求不仅体现了他们对财富的渴望，还反映出他们对物质世界的好奇心和探索精神。在制作银器文物的过程中，古代工匠们运用了各种精细的工艺技术，如雕刻、镶嵌等，将银器打造成千姿百态的艺术品，充分展现了他们的艺术想象力和高超技艺。同时，金属器文物也是社会地位和权力的象征。在古代社会，贵族和皇室成员常常用金器和银器来彰显自己的地位和权力。随着社会的发展，金属器文物的使用也逐渐普及化，成为社会各阶层人们生活中的一部分。

　　此外，金属器文物还是文化交流的媒介。在古代，金属器文物常常作为礼物或贡品在各国之间进行交流和交换，成为不同文明之间沟通与合作的桥梁。这些金属器文物不仅传递着古人的智慧和创造力，也展现出人类文明的多样性和丰富性。

二、田野文物的特点

（一）地域性

　　田野文物，这些珍贵的文化遗产，与特定的地理环境息息相关，其分布和特点受到当地自然环境、社会经济等因素的深刻影响。这些因素包括但不限于气候条件、地形地貌、水文环境、植被分布以及社会经济发展的状况等。这些因素共同作用于田野文物，影响着它们的分布和特点，赋予它们鲜明的地域性。

田野文物的地域性不仅体现在它们的分布和特点上，还体现在它们的形成过程中。这些文物在特定的地理环境中经历了漫长的岁月，与当地的文化、历史、社会习俗等紧密结合在一起，形成了独特的地域特征。这些特征使得田野文物成为当地历史文化的活化石，为人们了解和研究当地历史文化提供了宝贵的实物资料。因此，田野文物的地域性和地域特征是其最为显著的特点之一。这使得田野文物保护工作具有了极其重要的意义，不仅是对文化遗产的保护，更是对当地历史文化的传承和发扬。

（二）历史性

田野文物，这些古老的遗迹和遗物，是历史文化遗产的重要载体，它们如同一面镜子，映射出古代社会的历史风貌和文化精髓。每一件田野文物都蕴含着丰富的历史信息，或是当时社会生活的写照，或是古代先民们的智慧结晶，具有不可估量的历史价值。

田野文物的发掘和研究，犹如开启了一扇通向古代社会的大门，让现代人能够一窥当时的社会文化、政治经济等方面的情况。通过对田野文物的分析，现代人可以了解到古代社会的风俗习惯、宗教信仰、工艺技术等方方面面，为历史研究提供了宝贵的资料和证据。

研究田野文物，就如同在阅读一部部鲜活的历史书籍。它们见证了人类文明的演进过程，记录了古代社会的风俗人情，也让现代人对过去的生活方式、价值观念有了更深入的了解。无论是研究文化史、艺术史，还是社会经济史，田野文物都提供了宝贵的实证材料。

田野文物的发掘和研究，不仅有助于现代人了解过去的历史，还可以提供启示和思考，帮助现代人更好地了解人类社会的发展和演变。这些历史文化遗产不仅代表着过去，更在提醒每个人如何更好地面对未来。因此，田野文物的研究具有重要的历史意义和文化价值。相关部门应该加强对田野文物的保护和研究，让这些历史文化遗产得以传承和发扬光大。

（三）文化性

田野文物，这些珍贵的文化遗产，是特定地域文化的代表，承载着丰富而独特的文化内涵，彰显着与众不同的特色。每一件田野文物，无论是器皿、建筑、雕塑还是其他艺术品，都以其独特的造型、图案和色彩，为人们揭示了当时的文化特点和价值观念。

田野文物的造型，或古朴粗犷，或精致玲珑，都是对当时社会生活、风俗习惯和艺术风格的直观反映。其图案或写实生活，或抽象神秘，都蕴含着丰富的历史信息和文化价值。其色彩或热烈奔放，或沉稳内敛，都表达了不同的情感和象征意义。

因此，田野文物不仅是人们了解和认识历史的重要途径，更是传承和弘扬优秀传统文化的有力载体。人们应该珍视并保护这些宝贵的文化遗产，让它们的历史价值和文化魅力得以永存。

（四）多样性

田野文物的种类繁多，涵盖了各个历史时期和地域，包括墓葬、窖藏、建筑、碑刻、陶瓷、金属器等众多领域。田野文物在材质、造型、年代等方面各不相同，具有各自的特点和价值。例如，墓葬作为田野文物的一种，有着丰富的历史信息和考古价值；窖藏则可能隐藏着珍贵的古代钱币、玉器等文物；建筑则反映了古人的居住方式和建筑风格；碑刻则是历史的见证，记录了历史事件和社会变迁；陶瓷和金属器等则反映了古人的工艺水平和文化传统。因此，田野文物的保护和研究对了解历史、传承文化具有重要意义。

（五）不可再生性

田野文物，这些古老的遗迹和遗物，是历史文化遗产的重要组成部分，它们如同一部部鲜活的历史史书，为人们揭示了一个个历史时期的沧桑变迁。一旦这些文物被破坏或消失，那将如同在历史的长河中永久地丧失了一段重要的记忆，难以恢复和再生。

保护田野文物，意味着人们能够更好地了解和传承历史文化。每一段历史都有其独特的文化、艺术和精神内涵，这些内涵通过田野文物得以体现和传承。如果失去了这些文物，人们便失去了与历史对话的机会，无法全面地了解古代社会的历史和文化。

此外，保护田野文物还有助于维护历史文化遗产的完整性和延续性。田野文物不仅仅是单独的物品或建筑，还是整个历史文化环境的组成部分，与周围的环境、社会、经济等因素相互影响、相互依存。一旦某个文物被破坏或消失，整个历史文化环境的完整性就会受到影响，甚至可能导致历史文化的断层或遗失。因此，保护田野文物对维护历史文化遗产的完整性和延续性具有重要的意义。每个人都应该珍视和保护这些宝贵的文化遗产，让它们得以永久地保存和传承下去，为当代和未来的世代提供宝贵的历史见证和文化瑰宝。

第三节　田野文物与其他类型文物的区别

一、起源和历史背景的不同

田野文物主要来源于田野考古活动，这是近代考古学最基本的特征，也是考古学发展的原始动力。田野考古最初是为了获取考古学研究所需的古代实物资料而出现的，后随着社会的发展尤其是文化遗产保护的需要，逐渐形成了不同的田野考古类型。与其他类型文物相比，田野文物的发掘和研究是一个综合性、多学科交叉的科学活动。它不仅为我们提供了了解古代文明的实物证据，也是文化遗产保护工作的重要组成部分。相比之下，其他类型文物可能来源于传世品、收藏品或偶然发现，不一定经过系统的田野考古发掘。田野文物是古代人类活动留下的实物证据，它们为我们提供了直接了解古代社会生活、文化习俗、技术发展等方面的第一手资料。在历史价值上，田野文物反映了一个地区或文明在不同历史阶段的发展情况，包括社会组织、政治制度、经济模式、宗教信仰等方面的变迁，甚至揭示了古代不同文明之间的交流和互动，如贸易往来、技术传播、艺术风格的影响等。此外，田野文物中的一些遗物，如工具、武器、建筑构件等，展示了古代人类的生产技术和工艺水平。通过田野文物的研究，专家可以了解到古代社会的分层和阶级结构，如墓葬中的随葬品数量和质量往往能反映出墓主的社会地位。对于田野文物的出土地点、类型和分布等信息的深入研究，有助于了解古代的自然环境和生态状况，以及人类如何适应和改造自然。对于缺少文献记载的民族或地区，田野文物的发现和研究对重构其历史具有重要意义。

二、艺术价值和文化内涵的差异

田野文物往往代表着某一社区或族群在特定历史时期的独特生活方式和历史文化传统，而其他类型文物则包括各种形式的艺术品、历史遗迹、文化景观等，它们具有各自独特的艺术价值和文化内涵。

首先，从艺术价值来看，田野文物和其他类型文物有着显著的区别。田野文物的艺术价值主要体现在其独特的实用性和乡土性上。田野文物通常是由当地居民就地取材，采用传统工艺制作而成，具有鲜明的地域特色和民族风格。例如，中国南方的吊脚楼，北方的四合院，以及西南地区的苗族银饰等，都是具有极高艺术价值的田野文物。这些独特的建筑形式和风格，不仅体现了不同地区和民族的文化传统和历史积淀，也展现了中国人民在建筑美学和工艺制造方面的卓越才能。吊脚楼是南方地区的代表性建筑形式之一，多为二层或三层的木结构建筑，采用挑檐、斗拱等建筑装饰，外形美观、实用舒适。四合院是北方地区的传统建筑形式，以庭院为中心，四周为房屋，呈现出一种严谨、对称均衡的布局。这种建筑形式体现了古人对天地自然的敬畏之情，同时也体现了他们对建筑美学的独特见解。四合院的庭院设计充满着人文气息，它让人们能够在繁忙的生活中寻找到一片宁静的空间，与自然和谐相处。

这些田野文物不仅是文化遗产的重要组成部分，也是中华民族的文化瑰宝。它们不仅见证了中华民族不同地区和民族的历史发展进程，也展示了中国人民在建筑、工艺、艺术等方面的独特智慧和卓越才能。同时，这些田野文物也是旅游资源的重要组成部分，吸引着越来越多的游客前来参观和欣赏。

相比之下，其他类型文物的艺术价值则主要体现在其历史性、稀有性和精致性上。这些文物往往是由艺术家或匠人精心制作而成，具有高度的审美价值和工艺水平。例如，中国的瓷器、玉器、书画等，都是具有世界知名度的艺术品。

其次，从文化内涵来看，田野文物和其他类型文物也有着不同的特点。田野文物不仅是某一社区或族群在特定历史时期的生活见证，更是其文化传承的重要载体。这些文物反映了该社区或族群的传统文化、价值观念、风土人情等，是研究历史文化的重要依据。例如，中国的传统农具、服饰等田野文物，是中华民族悠久历史和丰富文化的重要载体，它们记录了古代劳动人民的智慧和创新，反映了不同时期的社会风俗和审美观念。以少数民族为例，苗族银饰，作为西南地区苗族人民的传统装饰品，不仅是一种精美的艺术品，更是一种独特的文化象征。这些银饰通常包括头饰、颈饰、首饰等，它们以其精巧的工艺和别致的造型而著称，具有独特的艺术价值和深厚的文化内涵。苗族银饰的制作工艺非常精湛，通常由熟练的银匠手工打造而成。从最初的选材、熔炼、铸造，到后来的雕刻、打磨、抛光，每一个环节都需要精细的操作和严格的品质把控。这种精湛的工艺使得苗族银饰在视觉上具有独特的吸引力，让人一眼就能感受到其精美的程度。

除了其精湛的工艺，苗族银饰还具有丰富的文化内涵。在苗族传统文化中，银饰被视为一种能够驱邪避灾的神秘力量。因此，苗族人民通常会在重要的场合，如祭祀、婚礼等，佩戴银饰以祈求平安和幸福。此外，苗族银饰还是一种身份和地位的象征，佩戴不同数量和种类的银饰可以展现出个人的社会地位和荣誉。

苗族银饰作为一种独特的文化遗产，不仅展现了苗族人民的智慧和创造力，也传承了苗族深厚的历史和文化传统。它们承载着苗族人民对生活的热爱和对未来的美好期许，是中华民族文化的重要组成部分。

田野文物不仅具有极高的历史和文化价值，同时也是中华民族传统文化的重要组成部分。通过研究和了解田野文物，人们可以更加深入地探究中华民族传统文化的内涵和特点，为传承和发扬中华民族优秀文化做出积极的贡献。

其他类型文物的文化内涵则主要体现在其历史事件、人物、思想等方面的价值。这些文物反映了人类历史上的各种事件、思想和信仰等，是研究历史、哲学、艺术等领域的重要资料。例如，中国的古代碑刻、壁画等文物，是中华民族悠久历史和丰富文化的珍贵载体，具有重要的历史和文化价值。这些文物不仅反映了古人的生活方式、思想观念和审美情趣，还传递了许多历史信息和文化内涵，对人们了解和研究古代社会、历史、文化等具有极高的参考价值。例如，古代碑刻记录了大量的历史事件、人物、事迹等信息，为考古人员提供了珍贵的历史资料；壁画则是一种具有极高艺术价值的文化遗产，不仅展示了古代绘画技艺的高超水平，还反映了古人的生活状态、信仰和文化传承。

此外，田野文物还是中华文化传承的重要载体，对于弘扬中华民族的优秀传统文化、增强民族自信心和自豪感具有积极的作用。因此，相关部门应该加强对田野文物的保护和传承工作，让这些珍贵的文化遗产得以永久保存，为后人留下宝贵的历史财富。

田野文物和其他类型文物在艺术价值和文化内涵上存在明显的差异。田野文物具有独特的实用性和乡土性，是某一社区或族群在特定历史时期的生活见证和文化传承的重要载体；而其他类型文物则具有更高的历史性、稀有性和精致性，是研究历史、哲学、艺术等领域的重要资料。在保护和研究这些文化遗产时，相关人员应该充分认识到它们的独特性和价值，采取科学合理的方法和措施，让它们的历史和文化得以传承和发扬。

三、材质和制作工艺的不同

田野文物，以其独特的物质形态和历史背景，与其他类型文物相比，有显著的区别。这些区别主要体现在材质和制作工艺两个方面。

首先，田野文物的材质通常更为多样和原始。它们可能包括各种自然材料，如石头、木材、陶瓷等。这些材料在当时的社会环境中，可能是最容易获取且最实用的。相比之下，其他类型文物，如金属文物、玻璃艺术品等，虽然也具有极高的艺术价值和历史意义，但它们的材质更倾向于较为稀有或加工难度较大的材料。

其次，田野文物的制作工艺也具有其独特之处。由于田野文物的制造者主要是农民或手工艺人，他们的制作方法通常更为简单和实用。例如，陶瓷器皿可能是在家中用简单的陶车和陶模制作的，而木制品可能是由当地的木匠使用斧头和锯子等工具制作的。这种制作工艺虽然看似简单，但却蕴含了古代工匠们的智慧和技艺，以及他们对环境的尊重和适应。

此外，田野文物的另一个显著特点是它们与环境的紧密联系。田野文物通常是在特定的地理环境、气候条件和社会文化背景下产生的，因此它们不仅是历史的见证，也是环境的见证。例如，考古学家发现了一些古代石器工具，这些工具无疑证明了古代人类已经具备了相当高的生产力和生活技能。这些石器工具不仅代表了古代人类在生产和生活方面的智慧和才能，同时也为人们揭示了当时的地理环境和气候条件。

通过这些石器工具，专家可以了解到古代人类的生存环境和生产方式。例如，石器工具的制造和使用需要大量的劳动力，这表明古代人类已经有了较为固定的居所和生产场所。此外，石器工具的种类和用途也为现代人提供了关于古代人类生活方式和生产活动的线索。同时，这些石器工具的存在也为工作人员提供了关于古代地球环境和气候变化的珍贵信息。例如，石器工具的制作需要大量的石头和河流的砂砾等原材料，而这些原材料的获取需要当时具有适宜的气候条件和地理环境。此外，石器工具的制作和使用也需要适宜的气候条件来维持生命活动，这也为相关人员提供了关于古代气候条件的线索。

田野文物以其原始的材质、简单的制作工艺和与环境的紧密联系，展示了古代人类社会的生产生活方式、价值观和对环境的态度。虽然它们的材质和制作工艺可能不如其他类型文物那么华丽和精致，但它们所蕴含的历史信息和人文价值却是无法替代的。

另外，田野文物的形成过程通常比其他类型文物更为复杂。它们可能经过了数年、数十年甚至数百年的使用和传承，在此过程中，这些文物不仅承载了历史信息，还承载了人们的生活故事和情感记忆。比如，一件由石头打磨而成的农田工具，虽然其材质看似普通，但它的制作和使用过程却可能涉及许多人的生活和劳动。它不仅代表了古代农民的生产方式，也反映了当时的社会组织和经济形态。

田野文物的制作和保护方式也与其他类型文物有所不同。由于田野文物通常是由民间工匠或农民自行制作，它们的制作过程可能更加注重实用性和功能性，而不仅仅是审美价值。同时，由于田野文物的材质大多为自然材料，如木材、陶瓷等，这些材料的保护和修复需要特殊的方法和技术，以确保文物的长期保存。

田野文物在历史研究和社会学研究中也扮演着重要角色。因为田野文物与特定时期、地区和社群的生活方式、文化习惯和社会制度密切相关，所以它们可以帮助人们更深入地理解不同历史时期的社会结构和文化形态。同时，通过对田野文物的调查和研究，相关人员还可以了解古人的生活方式、价值观和世界观，以及他们对环境的态度和利用方式。

　　田野文物与其他类型文物相比，无论是在材质、制作工艺、形成过程还是保护方式等方面，都有着显著的差异。田野文物是历史文化的载体，也是人类智慧和创造力的结晶。在文化遗产保护和研究工作中，我们应当充分重视和挖掘田野文物的价值，以便更好地传承和利用这些珍贵的文化遗产。

第二章 田野文物的调查与发现

第一节 田野文物的调查方法

田野文物调查是文物保护工作的重要环节。它通过科学的方法和手段，对文物进行深入的调查和了解，为文物保护工作提供基础数据和信息。

一、田野文物调查的基本原则

（一）尊重历史，保护为先

在田野文物调查中，保护文物是至关重要的原则。这意味着在进行任何调查活动时，都不能对文物造成损害。为了确保文物的安全，调查人员必须采取一系列措施，包括细致的记录、准确的测量和科学的分析。同时，他们还需要使用最先进的科技手段，如无人机、红外线扫描等，以避免对文物造成潜在的损害。此外，调查人员还需要与当地居民保持密切联系，了解文物的历史背景和文化价值，以便更好地保护这些珍贵的文化遗产。在田野文物调查中，保护文物不仅仅是一种道德责任，更是一项法律义务。任何对文物的破坏或损坏都是不被允许的，因为这不仅会损害到文物的历史价值，也会影响到它们在文化、艺术和科学方面的意义。因此，在进行田野文物调查时，必须时刻牢记保护文物的原则，采取一切必要的措施来确保文物的安全。

此外，田野文物调查也是为了更好地了解和认识文物。通过对文物的调查和研究，人们可以了解到文物背后的历史、文化和人类发展进程。因此，保护文物不仅是为了保护它们本身，更是为了保护人类自身的历史和文化传承。在田野文物调查中，保护文物是首要原则。只有在这个原则的指导下，相关人员才能更好地开展调查工作，更好地保护和传承这些珍贵的文化遗产。

（二）科学严谨，实事求是

田野文物调查是一项极其重要的工作，必须遵循科学严谨的原则，采用科学方法和手段，确保调查数据的真实性和准确性。为了实现这一目标，调查人员需要具备专业的知识和技能，并且严格遵守行业规范和标准。在调查过程中，需要采取一系列科学方法和手段，如测量、记录、分析等，确保数据的准确性和可靠性。此外，调查人员还需要对数据进行严格的审核和评估，确保数据的真实性和可信度。只有这样，才能为文物保护和研究提供可靠的依据。

（三）全面系统，突出重点

在田野文物调查中，要尽可能全面而系统地挖掘和记录每一件文物的各种信息和背景。这些信息可能包括但不限于文物的年代、材质、工艺、历史背景以及相关的文化传说等。同时，相关人员还要根据文物保护工作的实际需求，对某些具有特殊价值或意义的文物进行重点调查。为了尽可能全面地收集文物信息，田野文物调查员需要具备丰富的专业知识和技能。他们需要了解文物的分类、鉴定和评估方法，同时也需要掌握一定的历史和文化知识。在调查过程中，他们还需要对文物的背景环境进行仔细的观察和分析，以便更好地理解文物的历史和文化背景。此外，田野文物调查员还需要根据文物保护工作的需要，对某些重点文物进行深入的调查。这些文物可能具有重要历史价值、文化意义或艺术价值，需要对其进行细致的记录和研究。通过对这些重点文物的深入调查，相关人员可以更好地了解其历史和文化价值，为文物保护工作提供更为准确和全面的信息。田野文物调查是文物保护工作中至关重要的一环。通过全面而系统地调查文物的各种信息和背景，并突出重点文物的调查，人们可以更好地了解和保护这些珍贵的文化遗产。

二、田野文物调查的主要方法

（一）地面踏查

地面踏查是一种通过肉眼观察和运用简单工具进行探测的技术，旨在初步调查和了解地面的文物情况。这种技术主要适用于对大型遗址或肉眼易见的文物的调查。在踏查过程中，调查人员会仔细检查地面的特征、痕迹、遗物等，以寻找可能存在的文物线索。通过地面踏查，调查人员可以收集到关于文物分布、特征、保存状况等方面的信息，为后续的考古工作提供重要的参考依据。另外，地面踏查还可以帮助考古学家识别和区分不同类型的遗址，如古代居住遗址、祭祀遗址、墓葬等。这有助于揭示文物的历史背景和文化内涵，为研究人类历史和社会发展提供宝贵的资料。

在地面踏查过程中，考古学家需要具备敏锐的观察力和严谨的科学态度。他们需要仔细记录每一个发现，包括文物的类型、位置、尺寸和颜色等细节。这些信息将为后续的考古工作提供重要的参考，帮助考古学家更深入地了解文物的历史背景和文化内涵。此外，地面踏查还可以为保护文物提供重要的帮助。通过踏查，考古学家可以识别和评估文物的保存状况，制订出合适的保护计划。这有助于确保文物的完整性和稳定性，为未来的研究和展示提供更好的条件。

地面踏查是一种简单而有效的技术，对于初步了解地面上的文物情况具有重要的意义。它为考古学家提供了重要的线索和参考，有助于推动人类历史和文化遗产的研究和发展。地面踏查不仅是一种技术，更是一种科学的方法。它基于对地面结构和文物的深入了解和研究，通过观察和探测，获取关于文物分布、特征和保存状况的详细信息。

（二）考古勘探

在考古勘探中，使用专业的考古勘探技术和工具，可以更深入地了解地下或地面的文物。这些技术和工具包括洛阳铲、金属探测器、地层分析等。通过这些方法，考古学家可以确定文物的位置、深度和质量，以及了解文物的历史背景和价值。

考古勘探在考古学中扮演着重要的角色。它可以揭示出许多难以发现的文物和遗址，如古代墓葬、城墙、建筑和祭祀场所等。通过对这些文物的调查和研究，人们可以更好地了解历史和文化的发展，以及人类对自然环境的适应和变化。

除了在考古学领域的应用，考古勘探还可以在文化遗产保护、建筑保护和城市规划等方面发挥重要作用。通过对地面文物的调查和了解，人们可以更好地保护这些文化遗产，避免不必要的破坏和损失。同时，对地面的分析还可以为城市规划和建筑保护提供重要的参考和指导。

在考古勘探中，除了使用专业的技术和工具，还需要进行详细的记录和分析。这些记录包括勘探的时间、地点、深度、文物类型、状态等。通过对这些数据的分析，考古学家可以得出许多有关历史和文化的重要结论。

除了对文物的记录和分析，考古勘探还需要进行地层学研究。地层学研究是通过分析地层中的化石、土质、水文等数据，了解古代地理环境、气候变化和人类活动的关系。这些数据可以帮助人们更好地了解人类对自然环境的适应和变化，以及不同历史时期的气候变化对人类社会和文化的影响。

在考古勘探中，还需要注意保护文物和遗址。在勘探过程中，要尽量避免对文物的破坏和损失。同时，对出土的文物和遗址需要进行适当的保护和保存，以便未来研究和展示。考古勘探是一种非常重要的技术和方法，可以帮助人们更好地了解和保护文化遗产。随着科技的不断发展和进步，未来的考古勘探技术会更加先进和精准，为我国历史和文化研究提供更多的启示和发现。

（三）文献查阅

文献查阅是一种非常有用的方法，可以帮助相关人员对文物的历史背景和文化内涵进行深入的了解和研究。通过查阅历史文献和地方志等资料，人们可以了解到文物的历史背景和文化内涵，以及它们在历史上的价值和意义。

在进行文献查阅时，相关人员需要先确定需要了解的问题和目的，然后进行有针对性和系统性的文献搜索。可以查阅相关的历史文献、地方志、古籍、碑铭等资料，了解文物的历史背景、文化内涵、艺术价值等方面的信息。同时，也需要对文献的真实性和可靠性进行评估，以确保所获得的资料是可信和准确的。除了历史文献和地方志之外，还可以通过其他途径进行文献查阅。例如，相关人员可以查阅相关的学术论文、研究报告等资料，了解文物的研究现状和发展趋势；也可以通过博物馆、图书馆等机构进行文献查阅，了解文物的保存状况和保护措施等方面的信息。

首先，文献查阅需要花费大量的时间和精力。由于历史文献和地方志等资料数量庞大，相关人员需要耐心地筛选和查阅，同时还需要对获得的资料进行整理和分析。因此，文献查阅需要投入大量的时间和精力，需要研究者具备较高的专业素养和耐心。

其次，文献查阅存在一定的局限性。由于文献资料的数量和种类有限，有些文物可能没有相关的文献资料或者资料不够全面。此外，文献资料也可能存在真实性和可靠性问题，需要进行评估和鉴别。因此，在进行文献查阅时，人们需要保持谨慎和客观的态度，尽可能多地获取和鉴别资料。

最后，文献查阅需要与实际调查相结合。虽然文献查阅能够帮助人们了解文物的历史背景和文化内涵，但只有通过实际调查才能获得更加直观和准确的信息。因此，在进行文物研究时，人们需要将文献查阅和实际调查相结合，以获得更加全面和准确的研究成果。

（四）专家咨询

专家咨询是一种非常重要的文物调查方法。它通过请教专业人士或咨询机构，对文物的价值、保护措施等进行深入的了解和评估。这种方法适用于对具有特殊价值或保护难度的文物进行调查。

在文物调查领域，专家咨询通常被用于评估文物的历史、艺术、科学和价值等方面。通过专家咨询，文物保护工作者可以了解到文物的背景和历史，以及如何更好地保护它们。此外，专家咨询还可以为文物保护机构提供有关如何制订更好的保护计划的建议。

在实施专家咨询时，需要选择合适的专家或咨询机构，并向他们提供尽可能详细的信息。专家或咨询机构需要对文物进行仔细的评估和分析，并提供有关文物的价值和保护措施的建议。这些建议通常包括对文物的修复、保护、展示和利用等方面的指导。

在文物普查的准备工作中，专家咨询也发挥着重要作用。例如，国家文物局在开展第四次全国文物普查时，就强调了专家咨询的重要性，通过专家的参与和建议，可以更好地掌握文物资源状况，为文物保护提供坚实的基础。以重庆市第四次全国文物普查为例，专家咨询在文物调查中的作用可以具体体现在以下几个方面。

1. 疑点难点问题的研究：在实地调查过程中，可能会遇到一些难以判定或处理的问题，如"水下文物测绘""多体文物断代"等。这时，专家咨询会能够集中专业力量，对这些问题进行深入研究，并提出解决方案。

2. 专业指导：区县定点专家作为高素质的专业队伍，他们在文物普查中发挥着指导作用，包括业务指导、信息咨询、数据抽查和资料审核等，确保普查工作的质量和效率。

3. 普查工作的推进：专家咨询会的召开有助于凝聚工作合力，与区县定点专家组成督导组，加快推进普查工作，确保普查任务的顺利完成。

4. 登记表范本的修订：在文物普查中，需要对不同类型的文物进行登记。专家咨询会讨论修订了包括古文化遗址、古建筑等六大类的《第四次全国文物普查不可移动文物登记表》范本，以适应不同类型文物的登记需求。

5. 工作机制的建立：通过专家咨询，可以建立和完善区县定点专家业务指导督导工作机制，印发相关的工作规则和操作规程，提升普查工作的系统性和规范性。

我们可以看到专家咨询在文物调查中的多方面作用，它不仅为解决实际问题提供了专业支持，也为文物保护工作的顺利进行提供了保障。

专家咨询在世界文化遗产的保护和管理中同样不可或缺。建立专家库和专家委员会，可以为世界文化遗产的申报、保护和管理提供专业咨询，确保工作的专业性和有效性。总的来说，专家咨询为文物调查提供了专业的支持和保障，是文物保护工作不可或缺的一部分。

三、田野文物调查的技巧

（一）观察力

在田野文物调查中，观察力是每个调查人员都必须具备的重要能力。这种观察力不仅包括对文物的外观特征和细节的敏锐捕捉，还包括对文物周围环境和相关线索的敏锐洞察。只有具备了这种全面的观察力，调查人员才能够对文物进行准确的判断和评估。

在田野文物调查中，调查人员需要面对各种复杂的环境和情况。他们需要在风化的岩石和古老的建筑中寻找线索，需要在杂草丛生的田野和树林中寻找遗址。在这个过程中，敏锐的观察力是他们能够发现文物的重要保障。同时，调查人员还需要对文物的特征和细节进行准确的判断和评估。他们需要判断文物的年代、类型、材质和用途，需要评估文物的价值和重要性。这些都需要建立在他们对文物进行全面、深入的观察基础之上。因此，观察力是田野文物调查中的核心能力之一。调查人员需要通过不断的实践和学习，提高自己的观察力和判断力，以便更好地保护和利用文化遗产。为了提高调查人员的观察力，相关部门可以采取以下措施。

首先，进行专业培训。通过专业的培训，调查人员可以系统地学习关于文物的类型、特征和评估方法的知识，掌握运用科学方法进行细致入微的观察和记录的技巧。同时，培训过程中，他们还可以通过实践操作，深入了解如何分析和判断文物的价值和重要性，从而提升自己的专业素养和综合能力。这种培训不仅可以帮助调查人员更好地理解和保护文物，还可以提高他们在工作中的效率和准确性。在培训过程中，调查人员可以学习到各种关于文物调查和保护的实用技能。例如，如何准确地识别文物的类型和特征，如何科学地评估文物的价值和重要性，以及如何运用先进的技术手段进行观察和记录。此外，培训还可以提供一些实用的案例分析，让调查人员通过模拟实践来提高自己的分析和判断能力。

通过这种专业的培训，调查人员不仅可以在知识和技能方面得到提升，还可以在与文物相关的领域建立起更加密切的联系。他们可以更好地理解文物的历史和文化背景，掌握文物修复和保护的基本原理和方法，从而为保护人类宝贵的文化遗产做出更大的贡献。此外，培训还可以帮助调查人员建立正确的职业道德观念，让他们明白在工作中应该遵循什么样的规范和原则。通过培训，他们可以更加清晰地认识到自己的责任和义务，避免在工作中出现错误或疏漏，从而为保护文物的事业提供更加可靠的人才保障。通过专业的培训，调查人员可以全面提升自己在文物调查和保护方面的专业素养和综合能力，为保护人类宝贵的文化遗产做出更大的贡献。

其次，加强实践。实践是提高观察力的最好方法。调查人员可以通过参与实际调查项目，积累实践经验，逐渐提高自己的观察力和判断力。同时，实践还可以帮助他们了解文物的实际环境和相关线索，从而更好地理解文物的背景和意义。

最后，培养专注力和耐心。观察力需要专注力和耐心。调查人员需要保

持警觉，不放过任何一个细节和线索，同时还需要有足够的耐心，不断深入地研究和探索。只有通过持续不断的专注和耐心，调查人员才能够提高自己的观察力和判断力。

（二）记录能力

在田野文物调查中，记录是一个至关重要的环节。调查人员需要具备准确的记录能力，能够完整、准确地记录下文物的各种信息和特征。这不仅是对文物的尊重，也是对历史负责的表现。

首先，调查人员要有敏锐的观察力。在面对各种文物时，他们需要能够捕捉到文物的细微之处，包括形状、颜色、质地、工艺等。

其次，调查人员要有严谨的记录技巧。在记录文物信息时，他们需要使用准确的语言和术语，避免歧义和误解。同时，他们还需要注意记录的顺序和逻辑，使得记录能够清晰地反映文物的特点和历史背景。

此外，调查人员还要具备扎实的历史和文化知识。他们需要了解文物的历史背景、文化内涵和价值意义等方面的知识。这些知识可以帮助他们更好地理解文物的内涵和价值。

田野文物调查中的记录工作是至关重要的。调查人员需要具备准确的记录能力、敏锐的观察力、严谨的记录技巧和扎实的历史和文化知识。只有这样，他们才能将文物的各种信息和特征完整、准确地记录下来，为后续的研究和保护工作提供可靠的依据。

（三）分析能力

在田野文物调查中，分析能力是至关重要的。调查人员需要具备对文物信息和特征进行分析的能力，以便从中提取有价值的信息和结论。这些信息和结论对保护和修复文物、了解历史文化背景以及传承传统文化等都具有重要的意义。

在进行田野文物调查时，调查人员需要对文物的形状、颜色、质地、工艺等方面的特征进行仔细观察和分析。他们需要结合自己的专业知识和经验，对文物进行分类和鉴别。这不仅需要敏锐的观察力，还需要对相关文献资料进行查阅和研究，以便更好地了解文物的历史和文化背景。

除了对文物本身进行分析，调查人员还需要对文物的出土环境、埋藏状况等信息进行收集和分析。这些信息可以帮助他们了解文物的年代、用途以及与其他文物的关系等方面的情况。通过对这些信息的综合分析，可以进一步深化对文物价值和历史文化内涵的认识。

为了提高分析能力，调查人员需要不断加强学习，掌握更多的文物知识和分析方法。他们可以通过参加专业培训、研究相关文献、交流经验等方式，不断丰富自己的知识储备和技能。同时，他们还需要学会如何整理、归纳和分析调查中获取的大量数据和信息，从中提取出有价值的信息和结论。

除了个人的努力，团队之间的协作和分析也是提高分析能力的重要途径。在田野文物调查中，团队成员需要相互配合，共同完成调查任务。他们可以通过讨论、分享经验、共同分析等方式，相互学习和借鉴，提高整个团队的分析能力。

田野文物调查还需要与相关领域的专家学者进行合作和交流。通过与他们的合作，调查人员可以获得更多的专业指导和建议，从而更好地提高分析能力。同时，他们还可以通过学术交流活动，了解最新的研究动态和趋势，为田野文物调查提供更多的思路和方法。

分析能力是田野文物调查的关键之一。只有具备了较强的分析能力，调查人员才能更好地完成文物调查任务，为文物保护和历史文化研究做出更大的贡献。在田野文物调查中，分析能力的提高不仅仅是对调查人员个人素质的要求，更是整个调查工作的重要环节。一个具备优秀分析能力的团队，能够更加高效地完成调查任务，并取得更好的成果。

（四）沟通能力

在田野文物调查中，良好的沟通能力不仅可以帮助调查人员获取更多的信息和帮助，还可以建立与当地居民、专家等人员的良好关系。调查人员需要能够用清晰、简洁的语言表达自己的想法和问题，也要能够耐心倾听他人的意见和建议。在与当地居民交流时，调查人员还需要了解当地的文化、语言和习惯，以便更好地与他们沟通和交流。此外，调查人员还需要能够与专家进行有效的合作和交流，共同探讨和研究文物的价值和保护措施。通过良好的沟通能力，调查人员可以更好地开展文物调查工作，并为后续的文物保护工作打下坚实的基础。

（五）综合素质与能力

在田野文物调查中，调查人员还需要具备其他的专业知识和技能，例如考古学、历史学、人类学、地理学等相关学科的知识，以及调查和记录文物的基本技能和方法。同时，调查人员还需要了解相关的法律法规和文物保护法规，以便更好地保护文物并遵守相关规定。除了专业知识和技能，调查人员还需要具备良好的观察力和分析能力。田野文物调查是一项复杂的工作，需要调查人员对文物的特征、年代、价值等方面进行细致的观察和分析，以便准确地判断文物的价值和保护价值。同时，调查人员还需要能够从各种资料和信息中获取有价值的信息，并进行综合分析和处理，以便得出准确的结论和提出有效的保护建议。田野文物调查是一项艰苦的工作，需要调查人员具备坚韧不拔的精神和毅力。在调查过程中，可能会遇到各种困难和挑战，例如天气恶劣、交通不便、工作条件艰苦等，调查人员需要具备克服困难和坚持到底的决心和勇气。同时，调查人员还需要保持敬业精神和责任心，对文物调查工作充满热情和专注，以确保工作的质量和效果。田野文物调查是一项需要多种专业知识和技能的工作，调查人员需要具备全面的能力和素质才能更好地完成工作，因此需要不断地学习和提高自己的专业水平，以便更好地保护和传承文化遗产。

田野文物调查是文物保护工作的重要环节，需要人们运用科学的方法和手段，对文物进行深入的调查和了解。在田野文物调查中，相关人员要尊重历史，保护为先；科学严谨，实事求是；全面系统，突出重点。通过地面踏查、考古勘探、文献查阅和专家咨询等方法，可以对文物进行全面的了解和研究。同时，相关人员还要不断提高自己的观察力、记录能力、分析能力和沟通能力等技能水平，为文物保护工作做出更大的贡献。

第二节　田野文物的发现与登记

一、田野文物的发现过程

（一）发现田野文物的偶然性

田野文物的发现往往具有相当的偶然性。这是因为文物可能隐藏在任何地方，从地下到地上，从山川到河流，甚至是人们日常生活中的一些地方。这些文物会在偶然间为人们所探获，而非是官方开展的发掘工作。

1. 偶然的发现者

文物是一种珍贵的文化遗产，可能被不同的人发现，无论是专业的考古学家还是普通的公民。有时候，农民在耕田时，可能会偶然发现一些有价值的文物。这些文物可能是古代的陶器、青铜器、金器、玉器等，也可能是古代的货币、铭文、壁画等。这些文物的发现通常是在他们日常的工作或活动中无意间发现的。另外，建筑工人在施工时也有可能会发现一些有价值的文物。这些文物可能是古代的墓葬、遗址、建筑等，也可能是古代的壁画、雕塑、铭文等。这些文物的发现通常是在他们施工的过程中无意间发现的。此外，猎人在狩猎时也有可能会发现一些有价值的文物。这些文物可能是古代的武器、工具、陶器等，也可能是古代的洞穴、岩画等。这些文物的发现通常是在他们狩猎的过程中无意间发现的。文物的发现并不局限于专业的考古学家，任何人都有可能在日常生活中无意间发现一些有价值的文物。这些文物的发现对人们了解历史和文化具有非常重要的意义。无论是专业的考古学家还是普通的公民，他们发现文物都是对人类历史和文化的一种贡献。这些文物不仅具有极高的艺术价值，还蕴含了丰富的历史信息和文化内涵。通过研究这些文物，人们可以更深入地了解人类历史和文化的演变和发展，为人类文明的发展做出更大的贡献。

同时，文物的发现也具有极高的科学价值。通过科学的方法和技术对文物进行研究和鉴定，相关人员可以了解文物的材料、制作工艺、年代等信息，这对现代人了解古代的生产力、技术水平和人类文明的发展具有非常重要的意义。因此，政府应该鼓励和支持更多的人参与到文物的发现和研究工作中来。无论是专业的考古学家还是普通的公民，都可以通过自己的努力和发现，为人类历史和文化的发展做出自己的贡献。同时，政府也应该加强对文物的保护和管理，让这些珍贵的文化遗产得以永久保存，为后人留下宝贵的历史财富。

2. 自然灾害或其他意外情况

在历史的长河中，自然灾害和其他意外情况，如洪水、地震和火灾等，往往会带来意想不到的发现。这些事件虽然极具破坏性，但同时也可能会暴露出隐藏在表面之下的历史遗迹。比如大规模的洪水可能会冲刷出河床中深藏的古代沉船或遗址，这些沉船或遗址可能由于长时间的泥沙堆积或者其他原因被埋藏起来。同样，火灾也可能会烧毁覆盖在重要遗址上的建筑物或植被，使这些遗址得以显现。这些被暴露出来的文物，为人们提供了宝贵的历史线索和证据，帮助人们更好地理解过去的历史和文化。

3. 偶然的地点和时间

有些珍贵的文物，其存在和发现往往受到时间和地点的限制。例如，一些周期性被洪水淹没的遗址，可能只有在特定的洪水季节才会显露出来。此时，这些遗址就像是在时间的洪流中若隐若现的珍宝，等待着有识之士的发现和挖掘。

另外，还有一些遗址可能因为埋藏得较深，长期未被发现。这些遗址的发现往往依赖于自然的力量，如土壤侵蚀或地壳移动等。在土壤侵蚀或地壳移动的过程中，这些长期隐藏在地下的文物遗址可能会被暴露出来，从而让人们有机会一窥历史的痕迹。

4. 公众参与和公民考古

随着公众对考古的兴趣和参与度的显著提高，公民考古逐渐成为文物发现的重要途径之一。通过各种形式的公众考古活动、志愿者项目以及社区发掘项目，普通公众得以亲身参与挖掘、记录和研究文物。这不仅增加了公众对历史文化的了解，还提高了其自身对考古学的认知水平。

这些活动不仅为公众提供了难得的实践机会，同时也为学术研究提供了更多真实、详尽的数据支撑。公民考古的兴起，使得更多的人关注并参与到考古工作中来，进一步推动了考古领域的发展和进步。在公民考古的推动下，文物的发现和保护工作也得到了更多的社会关注和重视。人们通过亲身参与挖掘和研究文物，对文物的价值和保护工作有了更深刻的认识。这也使得更多的人愿意投入文物保护事业中来，共同为传承和弘扬历史文化贡献力量。

此外，公民考古还有助于增强公众对历史文化的认同感和归属感。通过参与考古活动，人们能够更加深入地了解和感受到历史文化的魅力，从而更加珍视和热爱自己的文化遗产。这对于促进社会和谐、推动文化繁荣都具有重要的积极意义。公民考古在提高公众对历史文化的了解和认识、推动考古领域的发展、增强公众对文物保护工作的关注和参与等方面都发挥着重要作用。随着未来更多的人参与到公民考古中来，人们有理由相信，历史文化将会得到更好的传承和发扬。

（二）发现田野文物的科学方法

除此之外，尽管文物的发现有时确实依赖于偶然，比如运气和缘分，但是实际上，具备一些专业知识和敏锐的观察力能够为人们提供更多的优势，更容易地发现这些珍贵的文物。考古学家和历史学家等专业人士，他们通常具备深厚的学术背景和专业知识，能够根据各种线索和信息，比如地形、土壤、历史记录等，进行深入分析和推测，从而找出可能存在文物的地点。他们的专业知识、经验和技能使他们在这个领域中具有独特的洞察力和预见性。

同时，这些专业人士还具备对文物的识别和解读能力。他们能够通过仔细观察和研究文物的外观、特征和构造，结合他们的专业知识和历史文献，准确地判断文物的年代、用途和价值。这种专业素养和技能使得他们在这个领域中具有无可替代的地位。

因此，尽管文物的发现具有一定的偶然性，但是专业知识和敏锐的观察力确实能够为寻找和识别文物提供重要的帮助和优势。

在田野考古学中，科学方法的重要性也不言而喻。科学方法为人们提供了明确的步骤和工具，帮助人们系统地分析和解读田野文物的信息。通过科学方法，人们可以更好地理解文物的背景、年代、功能以及与历史事件的关系，从而更准确地解读历史。随着科学技术的不断突破和进步，尤其是考古学和相关领域日新月异的发展，人们现在能够更加精准、高效地识别和解读文物。通过运用诸如地质雷达、探地雷达、遥感等前沿技术，相关人员可以发现那些隐藏在地下或地表的珍贵文物，并对其进行深入的解读和剖析。这些先进技术的运用不仅提高了识别文物的准确性，也为工作人员深入研究文物背后的历史和文化提供了强有力的手段。

在解读文物的过程中，这些先进技术发挥了至关重要的作用。地质雷达和探地雷达是一种高科技的探测设备，它们可以通过发送电磁波来探测地下文物的存在和分布情况。这些设备具有高精度和高分辨率的特点，能够准确地定位地下文物的位置和深度，并且可以获取详细的地下文物分布图。地质雷达和探地雷达具有广泛的应用领域，例如考古、地质勘探、矿产资源开发等。在考古领域，这些设备可以帮助考古学家快速准确地定位地下文物的位置和深度，从而更好地保护和研究这些珍贵的文化遗产。在地质勘探领域，这些设备可以帮助地质学家研究地下地质结构和矿产资源的分布情况，为地质灾害的预测和防治提供科学依据。在矿产资源开发领域，这些设备可以帮助矿业公司更好地了解地下矿产资源的分布情况，为开采和生产提供科学依据。地质雷达和探地雷达是高科技的探测设备，它们具有广泛的应用领域和重要的科学价值。通过使用这些设备，相关人员可以更好地了解地下文物的存在和分布情况，为考古、地质勘探、矿产资源开发等领域的科学研究提供重要的技术支持。遥感技术是一种先进的科技手段，可以通过卫星或飞机搭载的传感器来捕捉地表文物的图像和信息。这些传感器可以敏感地检测到地表的特征、颜色、纹理等细节信息，并将这些信息转化为数字信号，传输给地面接收器进行分析和处理。遥感技术以其高效、准确、覆盖面广等优势，被广泛应用于资源调查、环境监测、城市规划、军事侦察等领域。在文物保护领域，遥感技术也发挥了重要作用，通过对地表文物的遥感监测，可以及时发现并保护这些珍贵的文化遗产。遥感技术还能够对地表文物进行三维建模，以更加真实、直观的方式呈现文物的形态和结构。这种技术可以应用于考古研究、古建筑保护等领域，为文物保护工作者提供更加准确、可靠的数据支持。此外，遥感技术还可以结合其他高科技手段，如激光扫描、光谱分析等，对地表文物进行更加细致、深入的研究。这些技术可以相互补充，提供更加全面、详尽的文物信息，为文物保护和研究提供更加可靠的依据。遥感技术以其独特的优势和广泛的应用领域，为地表文物的保护和研究提供了强有力的支持。通过这种技术的应用，可以更好地了解和保护这些珍贵的文化遗产，为未来的文物保护事业做出更大的贡献。这些技术的运用为人们深入研究文物提供了丰富的信息来源，也让更多人能够更全面、准确地了解文物的历史价值和文化内涵。另外，这些先进技术还为人们提供了更多的机会去发现那些被忽视或遗忘的文物。在过去的几十年里，由于城市化、工业化等人类活动的快速发展，许多文物被埋藏在城市的繁华背后，或者在农田和建设工地的开发中被破坏。而现在，通过运用地质雷达、探地雷达、遥感等先进技术，可以更好地发现这些被遗忘的文物，并对其进行保护和修复。

随着科学技术的不断进步，人们现在能够更有效地识别和解读文物。这些先进技术的运用不仅提高了人们识别文物的准确性，也为人们深入研究文物背后的历史和文化提供了强有力的手段。同时，这些技术也为相关人员提供了更多的机会去发现那些被忽视或遗忘的文物，并对其进行保护和修复。

1. 遥感技术

遥感技术在田野文物中的应用已经成为当今文物保护领域的一个重要手段。通过遥感技术，相关人员能够在不直接接触文物的情况下，获取高分辨率、高精度的文物信息，为文物的保护、修复和研究工作提供了强有力的支持。在田野文物的保护中，遥感技术主要应用于以下几个方面。

（1）文物普查和发现

遥感卫星具有覆盖面广、视野开阔的优势，其高分辨率的遥感影像能够快速、准确地发现和识别田野文物，如考古遗址、古代建筑、石刻等，为文物保护和历史研究提供了重要的技术支持。通过遥感影像，人们可以更加清晰地了解文物的分布、特征和保存状况，为保护方案的制订和实施提供科学依据。同时，遥感影像还可以用于文物的数字化保存和传承，为后人留下宝贵的历史文化遗产。因此，遥感卫星在田野文物保护中具有不可替代的作用。遥感卫星作为一种先进的空间技术，具有广泛的应用前景。它不仅可以用于田野文物保护和城市规划，还可以应用于自然资源调查、环境监测、灾害预警等多个领域，为社会和经济发展提供重要的支持。

（2）文物环境监测

遥感技术是一种尖端的科技手段，能够利用卫星或其他远程传感器来收集地球表面的各种数据。在文物保护领域，遥感技术可以发挥其独特的优势，对田野文物的环境变化进行实时监测。这些变化可能包括气候变化、水文变化、地质变化等多种因素。通过对这些数据的深入分析，相关人员可以及时发现环境因素可能对文物产生的破坏，从而采取相应的预防措施，保护这些珍贵的文化遗产。遥感技术的运用不仅提高了田野文物的保护水平，同时也为工作人员提供了更多关于环境变化的信息，有助于人们更好地理解和应对这些变化。遥感技术监测田野文物的环境变化具有非常重要的作用。由于文物是历史文化的载体，其保存状况对于一个国家或地区来说至关重要。然而，田野文物往往会受到自然环境和人为因素的双重影响，其中自然环境的变化是难以预测和控制的。遥感技术的出现，使得相关人员能够及时掌握田野文物的环境变化情况，从而采取相应的保护措施。

通过遥感技术，人们可以获取到大量的环境数据，包括温度、湿度、风向、降雨量等。这些数据对于判断文物的保存状况是非常有价值的。例如，如果一个古建筑长期处于潮湿的环境中，可能会导致木质结构腐朽，而通过遥感技术可以及时发现并采取措施加以保护。另外，遥感技术还可以监测到人为因素对文物的影响。一些不法分子可能会对文物进行盗掘或破坏，而遥感技术可以通过对地面沉降、地下水位等数据的监测，及时发现这些不法行为并加以制止。遥感技术在田野文物保护中扮演着越来越重要的角色。通过遥感技术获取到的数据不仅可以及时发现和预防环境因素对文物的破坏，还可以监测到人为因素对文物的影响。这些数据对采取针对性的保护措施、提高文物的保护水平具有非常重要的意义。随着科技的不断发展，相信未来遥感技术会在文物保护领域发挥更大的作用。

（3）文物修复

遥感技术为文物修复提供了极其精确的数据支持。这种技术可以高精度地获取文物的三维结构，无论是古代建筑、雕塑还是其他文化遗产，遥感技术都能提供详细且精准的数据，从而为修复工作提供有力的依据。遥感技术不仅可以获取文物的原始数据，还可以对修复过程进行全程记录和跟踪。这意味着在修复过程中，工作人员可以随时查看和参考之前的修复步骤和细节，为后续的保护工作提供宝贵的经验和参考。更为重要的是，遥感技术的应用不仅局限于获取数据和记录过程，它还能够为保护工作提供更多的信息和视角。例如，通过遥感技术，人们可以了解到文物的历史背景、文化内涵以及其在历史长河中的变化过程。这些信息对于深入理解和保护文物都起到了重要的作用。最后，遥感技术的应用还有助于提高公众对文物的认识和了解。通过遥感技术，人们可以将文物的细节和历史背景以更加直观、生动的方式呈现给观众，增强观众对文物的兴趣和理解。这有助于提高公众对文物保护的意识，促进社会对文物保护的支持和参与。

此外，通过遥感技术和计算机技术，相关人员可以对受到破坏的文物进行虚拟修复。这种技术可以在不触碰文物的情况下，还原文物的原始状态，为文物保护提供新的可能性。通过融合遥感技术和计算机技术，相关人员能够实现一种创新的文物保护方法，即对受到破坏的文物进行虚拟修复。这种技术最显著的优势在于，它不需要直接触碰文物，而是通过非接触式的方式进行修复，这大大降低了对文物的潜在损害风险。同时，虚拟修复技术能够高度还原文物的原始状态，甚至达到令人惊叹的逼真程度，这无疑为文物保护工作提供了新的可能性。

这种虚拟修复技术的实现，得益于遥感技术的精确感知能力，能够捕捉到文物的详细信息，包括形状、颜色、纹理等，以及计算机技术的强大处理能力，能够对这些信息进行深入分析和处理，从而生成出虚拟的修复方案。这种方案不仅在视觉上逼真，而且在物理属性上也能够与原始文物相匹配，达到真正的还原。另外，虚拟修复技术还能够对修复过程进行模拟和预测，这有助于人们提前预见并解决可能遇到的问题，提高修复的成功率和效果。同时，这种技术还能够提供大量的数据和信息，为文物保护和研究提供宝贵的资料。

虚拟修复技术还可以与实体修复技术相结合，为文物保护提供更为全面的保护方案。例如，在文物修复前，可以先使用虚拟修复技术进行预测和模拟，以确定最佳的修复方案，然后在实体修复中使用这些方案，从而提高修复的准确性和效率。

虚拟修复技术的出现，为文物保护工作提供了全新的思路和方法。它不仅保护了文物，还能够还原文物的历史价值，为文化遗产保护和研究提供了强有力的支持。此外，虚拟修复技术还有助于提高公众对文物保护的认识和重视。展示虚拟修复的过程和成果，可以让更多的人了解文物的历史和文化价值，增强对文物保护的意识。

遥感技术以其独特的优势，为文物修复和保护工作提供了全面而精确的支持，使得人们能够更好地了解和保护这些珍贵的文化遗产。此外，遥感技术还有助于发现和识别新的文物。通过遥感技术，人们可以快速、准确地发现和识别新的文化遗产，这对于保护和研究工作来说是非常重要的。

（4）文物研究

遥感技术为文物研究提供了大量且多样的信息，这些信息在深入探究文物的历史背景、文化内涵以及年代测定等方面都起到了重要的作用。通过高分辨率的遥感影像，人们能够清晰地观察到文物的各种细节特征，如形制、结构、材质等，从而了解其历史背景和文化内涵。此外，遥感技术还可以为文物年代测定和材质分析等方面提供重要的帮助。这些先进技术的运用，不仅可以提高文物研究的准确性和可靠性，还能够为人们提供更多关于文物本身的信息，进一步丰富人们对历史文化的认识和理解。

遥感技术作为一种先进的空间探测技术，已经广泛应用于各个领域并展现出广阔的应用前景。通过遥感技术的应用，人们可以更加高效地获取准确可靠的信息，为决策提供重要的技术支持。随着科学技术的不断发展，遥感技术的应用领域也将不断扩大，为人类社会的发展做出更大的贡献。

（5）预防性保护

遥感技术以其独特的优势，在文物保护领域中发挥着越来越重要的作用。通过高精度的遥感设备，相关人员可以实时监测文物的状态，及时发现那些可能对文物造成威胁的因素。通过遥感技术，相关人员可以了解到文物的材质、结构以及其周围环境等因素，从而预测文物可能出现的问题和风险。这有助于及时采取措施进行干预，防止文物受到进一步的损害。无论是自然灾害还是人为破坏，遥感技术都可以在第一时间发现并发出警报，为文物保护部门提供宝贵的反应时间，从而采取有效的预防性保护措施。举个例子，通过遥感影像，相关人员可以清晰地观察到土壤侵蚀、地面沉降等微妙的变化，这些变化在初期可能并不明显，但随着时间的推移，它们会对文物造成巨大的威胁。一旦发现这些变化，工作人员就可以及时采取相应的保护措施，如加固文物、防止进一步侵蚀等，以确保文物的安全。

此外，遥感技术还可以提供大范围、连续的监测数据，这对判断文物的整体状态和变化趋势具有重要意义。通过对比不同时间段的遥感数据，相关人员可以了解文物在过去一段时间内的变化情况，从而制订出更加科学、有效的保护计划。同时，遥感技术还可以提供文物的历史背景和背景信息。通过分析遥感影像，相关人员可以了解到文物的历史演变过程，包括文物的起源、发展历程、功能和用途等信息。这些信息对深入了解文物的历史和文化内涵具有重要意义，也可以为文物的保护和传承提供有价值的参考。

在遥感影像中，相关人员可以清晰地观察到文物的细节和结构，从而准确地判断出文物的材质、颜色、纹理等信息。这些信息对修复文物来说至关重要，因为它们可以帮助修复人员准确地还原文物的原貌，避免在修复过程中对文物造成进一步的损害。

（6）文物数字化存档

利用遥感技术，可以对田野文物进行高分辨率的数字扫描和记录，生成精准的三维模型。这种数字化存档不仅可以永久保存文物的原始信息，还可以为文物的复制、研究和展示提供便利。这种先进的技术可以确保文物的永久保存，防止文物受到进一步破坏或丢失。同时，生成的精准三维模型可以用于文物的复制，为博物馆或研究人员提供准确的复制品，方便他们进行更深入的研究和展示。此外，数字化存档还可以提高文物的可访问性和可共享性，使更多人能够欣赏到这些宝贵的文化遗产。利用遥感技术对田野文物进行数字化存档是一种非常有效的方法，可以永久保存文物的原始信息，并为文物的复制、研究和展示提供便利。另外，这种数字化存档还有助于解决田野文物保护中的一些难题。例如，对于一些地理位置偏远、环境条件恶劣的田野文物来说，传统的保护方法往往难以实施，而数字化存档则可以有效地解决这一问题。通过高分辨率的数字扫描和记录，可以将文物的详细信息永久保存下来，而且还可以随时进行复制和共享，使得这些文物的研究和展示更加方便和高效。数字化存档还可以为文物的修复和维护提供准确的参考。在文物修复过程中，修复人员可以利用数字化存档的数据进行精确的测量和比对，确保修复工作的准确性和完整性。同时，数字化存档还可以为未来的文物修复工作提供可靠的参考和依据，使得文物的保护工作更加科学和有效。

利用遥感技术对田野文物进行数字化存档，不仅可以永久保存文物的原始信息，为文物的复制、研究和展示提供便利，还可以解决许多田野文物保护中的难题，提高文物的保护和管理水平。随着技术的不断发展和进步，这种数字化存档技术将会在更多的领域得到应用和推广，为文化遗产的保护和研究发挥更大的作用。

（7）对考古遗址的监测和发掘

在考古领域，遥感技术可以作为一种高效、非破坏性的方法来监测和发掘遗址，这对保护和研究人类文化遗产具有重要意义。

通过遥感影像，相关人员可以清晰地观察到遗址的分布、结构和埋藏情况，这是传统的地面调查难以实现的。通过对遥感影像的分析和处理，人们可以提取出各种有用的信息，如遗址的形状、大小、颜色、纹理等，从而为考古工作提供重要的线索和指导。遥感技术还可以帮助人们更好地理解人类历史和文明的发展。通过对不同时期的遥感影像进行分析，相关人员能够观察到人类活动对环境的影响和变化，进一步揭示人类文明的发展过程和特点。因此，遥感技术已经成为考古学中不可或缺的工具之一。

遥感技术还具有空间分析和数据处理能力，可以对大量的遥感影像进行自动化处理和分析，大大提高了考古工作的效率和准确性。同时，遥感技术还可以与其他技术如全球定位系统（GPS）、地理信息系统（GIS）等进行集成应用，实现更精确的遗址定位、空间分析和数据处理。这种综合应用模式可以更好地揭示遗址的空间分布规律和相互关系，为考古研究提供更加全面和深入的信息。

遥感技术在考古遗址监测方面的应用也具有广泛的前景。通过定期获取

遥感影像并进行分析，相关人员可以对遗址的变化进行实时监测，及时发现并保护可能受到破坏的遗址。同时，遥感技术还可以通过对遗址周围环境的监测，如气候变化、土地利用变化等，为文物保护提供更加全面和可靠的信息。

遥感技术在考古遗址的发掘过程中也具有重要的作用。通过遥感影像的观察和分析，相关人员可以更加准确地确定发掘的位置和深度，避免对遗址造成不必要的破坏。同时，遥感技术还可以通过对地下遗址的探测和分析，为发掘提供重要的指导和线索，帮助考古学家更好地揭示人类历史和文明的发展过程。遥感技术在考古遗址的监测、发掘和研究方面都具有重要的作用和应用前景。通过遥感技术的不断创新和发展，人们可以更好地了解人类历史和文明的发展过程，为未来的文物保护和研究工作提供更多的支持和帮助。

2. 地理信息系统（GIS）

地理信息系统是信息技术领域的重要分支，其独特的空间数据处理能力在许多领域都得到了广泛的应用。其中，田野文物考古工作是地理信息系统技术应用的一个重要领域。

在田野文物的保护工作中，地理信息系统发挥着重要的作用。这个强大的技术工具不仅提供了详细的地理信息，还为文物遗址的监测和管理提供了便利。

（1）文物信息采集与数字化管理

利用地理信息系统，考古学家能以高效、准确的方式采集文物的空间信息。这些信息包括文物的地理位置、形状、大小以及它们之间的相对关系等。通过这种系统，考古学家能够将所采集的信息完整地存储在数据库中，以便后续的分析和研究。同时，地理信息系统还为考古学家提供了实时查看并更新文物状态以及保存情况的功能，使得文物的数字化管理变得更为高效和便捷。通过地理信息系统的应用，考古学家可以更好地了解文物的背景信息，为研究文物背后的历史和文化提供了有力的支持。此外，该系统还可以帮助考古学家对文物的保护和修复工作进行更为精确的规划和实施，以保护这些珍贵的文化遗产不受损害。地理信息系统的应用对考古学研究以及文物的保护和修复工作都具有重要的意义，为考古学家提供了一个强大的数字化管理工具，使得他们能够更好地研究和保护这些珍贵的文化遗产。

（2）文化遗产保护

通过地理信息系统技术，相关人员可以全面地采集文化遗产的数据，并进行模拟分析，以便更深入地理解文物的历史背景和价值。地理信息系统技术不仅可以帮助人们更好地了解文物的各个方面，还可以对文物的保护工作提供重要的科学依据。

在数据采集方面，地理信息系统技术可以获取文物的空间信息，如位置、形状、大小等，同时还可以获取文物的其他相关信息，如年代、材质、文化背景等。这些信息可以通过地图、图表等方式直观地展示出来，让人们更容易理解和分析文物的特点和价值。

在模拟分析方面，地理信息系统技术可以对文化遗产进行模拟和预测，从而更好地理解文物的历史背景和价值。例如，可以通过模拟文物的历史演变过程，了解文物在不同历史时期的形态和特点；还可以通过预测文物未来的变化趋势，制定更加科学合理的保护措施。

地理信息系统技术还可以对文物在未来可能面临的风险进行预测和评估。这些风险包括自然灾害、人为破坏、环境污染等。通过预测和评估这些风险，相关人员可以及时采取措施进行保护，避免文物受到不必要的损失和破坏。通过地理信息系统技术，相关人员可以更好地了解文化遗产的历史背景和价值，同时还可以预测和评估文物在未来可能面临的风险，为保护工作提供科学依据。这些技术的应用将有助于更好地保护和传承人类的文化遗产。

以中国某地区的古代墓葬群为例，通过地理信息系统技术，考古学家可以精确地确定墓葬的位置、形状和大小；同时，通过采集土壤样本并分析其中的化学成分，可以了解墓葬主人的社会地位和生活习惯，进而揭示当时社会的文化、经济和政治状况；此外，通过模拟分析，可以预测未来气候变化等因素可能对墓葬产生的影响，从而及时采取保护措施，确保这些宝贵的历史文化遗产得以传承和保护。在地理信息系统技术的支持下，考古学家们可以更加全面地研究古代墓葬群。通过分析墓葬的位置、形状和大小，可以了解古人的丧葬习俗和信仰观念；同时，通过土壤样本的分析，可以揭示墓葬主人的社会地位和生活习惯，进而探讨当时社会的文化、经济和政治状况。这些研究成果对于人们深入了解古代历史和文明具有重要意义。

通过模拟分析，考古学家可以预测未来气候变化等因素可能对墓葬产生的影响。例如，气候变化可能会导致墓葬中的湿度增加，从而对文物产生破坏作用。因此，及时采取保护措施是必要的。这些保护措施可以包括改善墓葬的密封性、加强文物的加固保护等。通过这些措施的实施，可以确保这些宝贵的历史文化遗产得以传承和保护，为后人留下宝贵的历史遗产。`

（3）考古遗址的监测与保护

地理信息系统是一种强大的工具，可以实时地收集和显示关于考古遗址的各种信息。它不仅可以显示遗址的土壤湿度、遗址的完整性等基本信息，还能通过与历史数据的比较，帮助考古学家评估遗址的变化情况。这种变化可能是由于自然因素，如风化、侵蚀等，也可能是由于人为因素，如建设、盗墓等。通过地理信息系统，考古学家可以及时发现这些变化，并采取相应的保护措施，以防止遗址受到进一步的破坏。因此，地理信息系统不仅为考古学家提供了重要的信息来源，也为保护历史文化遗产做出了巨大的贡献。此外，地理信息系统还可以帮助考古学家进行空间分析，以了解遗址的形成过程和历史背景。通过分析遗址的空间分布、形态和结构等信息，考古学家可以推断出古代人类的生活方式、社会结构、文化演变等重要信息。这有助于人们更好地理解人类历史的发展过程，为保护文化遗产提供了更加科学的依据。

地理信息系统还可以与虚拟现实技术相结合，将虚拟现实技术应用于考古遗址的保护和展示中。通过模拟遗址的原始状态，人们可以更加真实地展示遗址的历史风貌和文化背景。这不仅可以增强公众对文化遗产的认识和了解，还可以为考古学家提供更加真实、直观的研究工具，帮助他们更好地理解遗址的历史和文化背景。

地理信息系统在考古遗址的研究和保护中发挥着越来越重要的作用。通过实时收集和显示遗址的相关信息，评估遗址的变化情况，进行空间分析以及与虚拟现实技术相结合等方式，地理信息系统为考古学家提供了更加全面、科学的研究手段和方法，为保护人类历史文化遗产做出了重要的贡献。

地理信息系统在考古研究和考古决策中扮演着越来越重要的角色。地理信息系统技术通过收集、存储、管理、分析和展示与研究对象相关的空间信息，为考古学提供了一种全新的视角和方法。除前文所提及的考古数据库，地理信息系统还对考古遗址的分布进行模式识别、关系分析和地理环境理解，如叠加分析、水文分析等。地理信息系统的空间分析功能可以揭示遗迹遗物的区位特征与组合特征，进行空间统计分析、对比分析、缓冲区分析等，帮助考古学家更好地理解古代人类活动与环境之间的关系。此外，地理信息系统通过分析已知遗址的空间位置与自然地理要素的关联性，可以预测未知遗址的分布情况，为考古勘探提供指导；并利用高清影像和数字高程模型进行虚拟布方，合理规划发掘区域，优化发掘方案。地理信息系统支持的无纸化数据收集工作流，提高了数据记录的效率和准确性，同时减少了因手工记录导致的数据丢失风险。

地理信息系统在田野文物考古中发挥了重要作用，为考古学家提供了强大的数据采集、管理和分析工具。通过地理信息系统的应用，相关人员可以更有效地保护和研究田野文物，进一步揭示人类历史文明的丰富性和多样性。随着技术的不断进步，地理信息系统将在田野文物考古中发挥更大的作用，为我国文化遗产保护和研究工作带来更多的可能性。

3. 三维重建

随着科技的不断发展，三维重建技术已经广泛应用于各个领域，包括建筑、医学、娱乐等。近年来，这项技术也被应用于田野文物的保护和研究中。

三维重建技术是一种通过采集物体的多角度图像或扫描数据，利用计算机软件生成物体的精确三维模型的技术。该技术包括三维扫描、图像处理、模型构建等多个环节。通过三维重建技术，人们可以获取文物的精确三维模型，为后续的研究和保护工作提供重要的技术支持。

三维重建技术在田野文物中的应用正在逐渐改变人们对历史和文化遗产的认知和研究方式。通过这项技术，相关人员能够以前所未有的方式保存、理解和研究这些珍贵的文物。

在田野文物的三维重建过程中，通常首先会对文物进行详细的数字化扫描，获取其表面形态和结构信息；然后用这些信息创建一个精确的三维模型。该模型反映了文物的原始状态，包括其纹理、颜色、形状和大小。这个过程称为三维重建。

三维重建技术在田野文物保护中的应用具有显著的优势。首先，它提供了一种无损的、非接触性的方式来获取和保存文物的信息。这意味着在重建过程中，不会对文物本身造成任何物理或化学损害。其次，三维重建技术使人们能够从任何角度对文物进行观察，甚至在无法直接到达或观察的地方。这大大增强了人们对文物全面理解和欣赏的能力。此外，三维重建技术还可以帮助人们更好地理解和保护那些已经遭受损害或遗失的文物。通过重建这些文物的三维模型，人们更好地理解它们的原始状态，从而为修复和保护工作提供重要的参考依据。同时，三维重建技术也为人们提供了新的机会去探索和理解文物的历史背景和文化内涵。通过模拟文物的使用方式或重现其原始环境，人们可以更深入地理解其历史背景和在当时社会中的作用。

以一座具有千年历史的古代石窟为例。这座石窟位于险峻的山崖上，经历了岁月的沉淀和自然的侵蚀，面临着日益严重的风化和侵蚀问题。不仅石窟的外观在逐渐消失，而且内部的结构也出现了明显的破损和缺失现象。为了拯救这座珍贵的文化遗产，相关领域的专家们联手，利用最先进的科技手段——三维重建技术，对这座石窟进行了高精度的扫描和图像采集。他们不畏艰辛，反复进行多次的实地考察和数据分析，以确保每一个细节都能被准确地捕捉和还原。通过专业软件的大力支持，专家们成功地构建了这座石窟的三维模型。这个模型就像一个真实的复制品，将石窟的每一个角落、每一处细节都生动地呈现在人们眼前。人们可以从任意角度观察石窟的外观和内部结构，甚至可以发现一些肉眼难以察觉的破损和缺失现象。

通过对模型的分析，专家们发现石窟内部的一些结构存在严重的问题。例如，一些雕刻的部分已经模糊不清，甚至有些已经缺失；一些支撑石窟的柱子也出现了断裂和腐蚀的情况。这些都严重威胁着石窟的保存和保护。面对这些问题，专家们决定采取更加精准的保护方案。他们计划对石窟进行全面的修复和加固，以防止进一步的破损和缺失。同时，他们还将采取一些措施来抵御自然因素的破坏，如在石窟表面涂上一层保护膜，以减少风化和雨水的侵蚀。这座三维模型不仅可以为保护方案提供重要的参考依据，同时它也可以作为这座石窟的数字档案，为后续的研究和展示提供便利。未来的人们可以通过这个模型，更加直观地了解这座古代石窟的历史和文化价值，为保护和传承这份宝贵的人类遗产做出更多的贡献。这个三维模型还可以帮助传播和普及文化遗产知识。通过虚拟现实技术，人们可以在家中就能体验到这座古代石窟的魅力，了解到它的历史背景、文化内涵和艺术价值。这不仅可以吸引更多的人关注和参与文化遗产的保护工作，还能为相关的学术研究和教育提供有力的支持。这个三维模型也可以为旅游行业提供新的可能性。在现实中，由于地理位置偏远或者天气条件恶劣等原因，一些游客可能无法亲自参观这座古代石窟。但是，通过这个三维模型，他们可以在线进行虚拟旅游，感受石窟的魅力和独特之处。这不仅可以满足游客的需求，还能为当地的旅游业带来新的增长点。通过三维重建技术建立的这座古代石窟的三维模型，不仅为文化遗产的保护提供了重要的支持和依据，还为学术研究、教育、旅游等多个领域带来了新的机会和发展空间。

然而，三维重建技术在田野文物中的应用也存在一些挑战。首先，这项技术需要大量的计算资源和专业的技术人员来实施。其次，对于一些复杂的文物或环境，三维重建的精度和准确性可能受到限制。此外，虽然三维重建可以提供对文物的详细视觉理解，但并不能提供文物的所有信息，例如其材料组成或分子结构等深层次的信息。

三维重建技术在田野文物的保护和研究中的应用具有重要的意义。通过高精度的三维模型，人们可以对文物进行准确的复制和记录，为保护工作提供数据支持。同时，通过对模型的分析，人们还可以深入挖掘文物的历史、文化、艺术等信息，为研究工作提供有力的帮助。在未来，随着技术的不断发展，人们相信三维重建技术将在田野文物保护中发挥更大的作用，为人类文化遗产的保护和传承做出更大的贡献。

田野文物的发现需要系统的科学方法作为指导，结合现代科技的应用，相关人员可以更有效地开展这项工作。理解田野文物的价值，需要人们不断地学习、实践和探索。在这个过程中，科学方法不仅为工作人员提供了工具和步骤，也鼓励他们在实践中不断反思和提升。

（三）发现田野文物的注意事项

1. 合法挖掘

在进行挖掘文物之前，必须确保拥有相关许可和权限。挖掘文物是受法律严格保护的活动，没有许可会面临严重的法律后果。为了保护国家的文化遗产，挖掘文物必须得到相关部门的批准，并按照规定进行。任何未经授权的挖掘行为都可能导致文物的损坏，甚至面临刑事指控。因此，在挖掘前，必须仔细了解相关法律法规，并确保拥有所有必要的许可和权限。

挖掘文物是一项严肃的任务，需要遵守法律法规，具备专业的技术和知识，以及充足的资源和资金支持。只有在充分准备和合法合规的前提下，相关人员才能确保挖掘工作的顺利进行和对文物的保护。

2. 了解土地权属

在挖掘之前，相关人员需要明确土地的所有权和使用权，以确保在挖掘过程中不会遇到任何不必要的纠纷。为了确保挖掘工作的顺利进行，相关人员需要先与土地所有者或使用者进行沟通，并获得他们的许可。这样做可以避免在挖掘过程中出现任何不必要的冲突和误解，同时也可以保护合法权益。在明确土地所有权和使用权的过程中，相关人员需要了解相关的法律法规和政策，以确保行为符合法律要求。相关人员还需要对土地进行实地勘察和测量，以确保挖掘计划符合实际情况，并且不会对土地造成任何损害。

在获得土地所有者或使用者的许可后，相关人员还需要与合作伙伴共同制订详细的挖掘计划。这个计划应该包括挖掘的时间、地点、深度、范围等方面的详细信息，以确保挖掘工作符合所有相关规定和要求。

为了确保挖掘工作的顺利进行，相关人员还需要制订应急预案。在挖掘过程中，可能会遇到各种意外情况，例如设备故障、天气变化等，相关人员需要提前考虑到这些情况，并制订相应的应对措施。这样可以避免在遇到问题时手忙脚乱，并且能够及时解决问题，确保挖掘工作的顺利进行。在挖掘过程中，相关人员还需要不断地进行监测和管理，确保挖掘工作符合计划要求，并且不会对土地和环境造成损害。最后相关人员还需要对挖掘现场进行巡查和管理，确保挖掘工作的安全和质量。在挖掘完成后，相关人员开始进行验收和总结，检查挖掘工作的质量是否符合要求，并且有没有发现问题，并对挖掘工作进行评估和总结，总结经验和教训，为未来的挖掘工作提供参考。

明确土地所有权和使用权是挖掘工作顺利进行的重要前提。相关人员需要在挖掘前做好充分的准备工作，包括沟通、勘察、制订计划等。只有这样，才能确保挖掘工作顺利完成，并且不会遇到任何不必要的纠纷。

3. 寻找专业指导

田野文物的挖掘是一项高度专业化的任务，需要具备丰富的专业知识和技能。在挖掘过程中，必须采取适当的措施，以确保文物的完整性和保护。因此，寻找有经验的考古学家或历史学家的指导是至关重要的。这些专家可以提供正确的工具和方法，以确保挖掘工作的顺利进行。他们还可以提供有关文物的有价值的信息，帮助挖掘者更好地理解他们所发现的文物及其历史背景。这些专家不仅在挖掘过程中提供指导，还可以在后续的研究和分析中提供帮助。他们可以帮助确定文物的年代、来源和价值，并提供有关如何最好地保护和展示文物的建议。田野文物的挖掘也需要适当的设备和工具。考古学家和历史学家可以提供有关哪些工具和设备是必需的，以及如何使用这些工具和设备的指导。他们还可以提供有关如何识别和保护文物的信息，以及如何记录和整理挖掘发现的数据的建议。考古学家和历史学家还可以帮助将田野文物运送到适当的机构进一步研究和保护。他们可以提供有关如何确保文物的安全和完整的建议，并帮助制订适当的运输和处理计划。因此，寻找有经验的考古学家或历史学家的指导是进行田野文物挖掘的必要条件。他们的专业知识和技能将为挖掘工作的顺利进行提供重要的支持和指导。

4. 保护文物

在挖掘文物的过程当中，必须确保每一件文物都得到精心的保护。对于那些易碎或者非常脆弱的文物，相关人员需要采用特别的处理方法，比如使用更加轻柔的手法进行挖掘，避免文物在操作过程中受到损害。此外，还必须避免使用任何可能会损害文物的化学物质，以确保文物保持其原始的状态。在文物的运输和储存过程中，相关人员也需要严格控制环境，包括温度、湿度等，以防止文物受到任何形式的损害。相关人员在挖掘现场，必须采取严格的安全措施，确保文物的安全；同时，还需要对现场进行严格的监管，防止文物被盗或者遗失。对于发现的文物，相关人员需要进行详细的记录和分类，以便于日后的研究和展示。

在保护文物的过程中，相关人员还需要注重与当地社区的合作，深入了解当地的文化和传统，尊重当地人民的意见和需求，与他们共同参与到文物的保护和利用当中。只有这样，才能真正实现文物的保护和传承，为后人留下宝贵的文化遗产。

5. 记录

详细记录文物的发现地点、日期和情况是至关重要的。这些信息不仅为历史和考古研究提供了宝贵的数据，还为将来的考古工作提供了有价值的参考。通过了解文物的发现背景和环境，人们可以更好地理解文物的历史和文化背景，进一步揭示与之相关的历史事件和人类活动。此外，这些信息还可以帮助相关人员评估文物的价值和重要性，为保护和保存文物提供依据。因此，对于任何对历史和文化感兴趣的人来说，详细记录文物的发现地点、日期和情况都是一项不可或缺的工作。通过比较不同时期和地区的文物，人们可以研究人类社会的演变和进步，探索人类文化的多样性和丰富性。同时，这些信息也可以帮助相关人员更好地了解文物本身的价值和意义，为保护和传承人类文化遗产做出贡献。

因此，详细记录文物的发现地点、日期和情况是一项非常重要的工作。它不仅为历史和考古研究提供了有价值的数据，还有助于将来的考古工作，促进人类文明的发展和进步。

6. 尊重文化遗址

田野文物，这些古老的遗物，通常与某些特定的文化或历史时期紧密相关。它们不仅仅是历史的见证，更是人类文化遗产的重要组成部分。在挖掘这些文物的过程中，人们必须以一种尊重和谨慎的态度来对待它们。田野文物是历史文化的载体，挖掘时需要尽可能保持其原始状态，避免对其造成不必要的破坏。

田野文物的保护和研究对于理解一个地区或一个民族的历史和文化至关重要。这些文物不仅是历史的见证，也是人类智慧和创造力的体现。通过研究和保护田野文物，人们可以更好地理解过去的历史和文化，为未来的文化传承和发展提供宝贵的借鉴。田野文物的挖掘和保护是一项具有重要意义的工作。在这个过程中，需要尊重和保护这些珍贵的文化遗产，同时也需要借助科技手段和专业人士的智慧，以便更好地揭示和理解这些文物的历史和文化价值。

7. 与当地社区合作

与当地社区合作可以让相关人员获得更加深入理解和尊重当地文化和历史的机会。通过与当地社区建立紧密的合作关系，相关人员可以更好地了解当地的风俗习惯、传统文化、信仰和价值观，从而更好地融入当地生活，并为保护当地文化和历史做出更加切实可行的贡献。同时，与当地社区合作也可以提高公众对田野文物的认识和保护意识。在田野工作中，文物遗址常常面临着被破坏、盗窃和非法挖掘等风险与当地社区合作，通过开展宣传教育活动、组织巡逻和监管文物遗址等措施，可以加强对田野文物的保护和管理；同时，也可以提高公众对田野文物的认识和保护意识，让更多的人关注文物保护事业，共同守护历史文化遗产。

与当地社区合作不仅可以加深人们对当地文化和历史的了解和尊重，还可以提高公众对田野文物的认识和保护意识，为文物保护事业做出积极的贡献。因此，相关部门应该积极开展与当地社区的合作，共同推动文物保护事业的发展。

8. 遵守道德准则

田野文物，这些珍贵的文化遗产，不仅仅是历史和文化的载体，更是全人类共同的财富。它们见证了人类的发展与进步，承载着无数的故事和记忆。因此，田野文物应该得到全人类的共同保护，并用于教育和研究的目的，以便人们更好地了解和传承这些宝贵的文化遗产。然而，令人遗憾的是，有些文物却被私人收藏家或黑市交易者所追逐，他们为了自己的利益，不惜违法盗窃或买卖这些文物。这种行为不仅违反了道德准则，更是在损害全人类的共同财富。因此，人们都应该遵守道德准则。对于田野文物等文化遗产，人们应该尊重其历史价值和文化意义，将它们用于正当的目的，例如博物馆展览、学术研究等，而不是用于私人收藏或出售。只有这样，才能真正地保护好这些文化遗产，让它们的历史和文化价值得到更好的传承和发扬。

为了实现这一目标，需要采取一系列措施。首先，政府应该加强法律法规的制定和执行，禁止私人收藏家或黑市交易者非法获取和买卖田野文物。同时，政府还应该加大对田野文物的保护力度，通过建立博物馆、遗址公园等方式，让更多的人能够接触和了解这些文化遗产。其次，教育机构也应该加强对公众的宣传和教育，提高人们对田野文物的认识和保护意识。此外，学术界也应该加强对田野文物的研究，挖掘其历史和文化价值，为保护和传承这些文化遗产提供更多的支持和帮助。

最后，每个人应该从自身做起，树立正确的价值观和道德观念，不参与非法获取和买卖田野文物的行为。同时，还应该积极参与和支持田野文物的保护工作，通过捐赠、志愿服务等方式，为保护和传承这些文化遗产贡献自己的力量。保护田野文物等文化遗产需要全社会的共同努力。只有通过政府、教育机构、学术界以及每个人的共同努力，这些文化遗产才能被真正地保护好，它们的历史和文化价值才能得到更好的传承和发扬。

9. 后续研究

挖掘只是开始，后续的研究和解读同样重要。要与专业的考古学家、历史学家等合作，深入研究和理解文物的背景和含义。为了确保对文物的准确理解和解释，相关人员需要借助先进的科技手段，如人工智能、大数据分析等。通过这些科技手段，相关人员可以对文物更深入地分析和研究，从而揭示其隐藏的历史信息和价值。同时，相关人员也需要注重跨学科的合作与交流，以便更好地整合不同领域的知识和资源，为文物保护和研究做出更大的贡献。地质学家可以为研究文物提供地层、土壤和岩石的信息，帮助考古学家了解文物的背景和环境；化学家可以提供关于文物材质、化学成分的分析，揭示文物的制造工艺和材料来源；历史学家则可以为研究文物提供历史背景、文化背景等信息，帮助考古学家深入理解文物的历史意义和价值。通过跨学科的合作，相关人员可以拓宽考古研究的视野，提高研究的准确性和深度。在研究和解读文物的过程中，相关人员需要保持敬畏和尊重。每一件文物都是历史的见证，背后都蕴含着丰富的文化和历史信息。人们要细心呵护它们，并尽可能地保护其原貌和完整性。另外，还需要将这些信息传承给后代，让更多人了解和认识文物的价值，从而增进对人类历史和文化的了解和认同。加强国际合作，因为世界各地的文物都是人类共同的财富，不同国家和地区之间的交流和合作有助于相关人员更全面地研究和了解文物。通过国际合作，各国可以共同开展研究项目，分享研究成果和经验，为文物保护和研究做出更大的贡献。只有通过与专业人士的合作，借助先进科技手段，注重跨学科交流，相关人员才能更好地保护和传承这些珍贵的文化遗产，为人类的历史和文化做出更大的贡献。

10. 教育和宣传

通过广泛的教育和宣传活动，人们能够提高公众对田野文物的认识和保护意识。这些活动不仅让人们了解田野文物的历史价值和文化内涵，还能唤起他们对这些宝贵文化遗产的尊重和保护。深入浅出的讲解和展示会让公众明白保护田野文物的重要性，以及每个人在保护文化遗产方面所承担的责任。同时，教育和宣传活动也能够促进公众对文物背后的故事和历史深入了解，增强他们对文化遗产的热爱和尊重。这些活动可以让更多的人了解和尊重这些宝贵的人类文化遗产，为保护和传承这些无价的文化财富贡献力量。

11. 妥善存储

对于那些已经出土的文物来说，它们的存在不仅仅是一种历史遗产，更是人类文化的珍贵载体。因此，为了确保这些文物能够永久保存并供后人欣赏，相关部门需要采取一切必要的措施来妥善存储它们。在这个过程中，湿度和温度的控制是至关重要的。如果文物的存储环境湿度不适宜，可能会导致文物出现潮湿、腐烂或者脆化等问题。同样，温度的波动也会对文物造成损害，因此稳定的环境温度也是必不可少的。除此之外，还需要考虑到虫害和紫外线对文物的损害。有些文物由于其材质和历史背景，可能会成为虫害的目标；而紫外线则可能对文物的色彩和细节造成影响，加速其老化过程。因此，为了确保文物的安全，相关人员需要采取相应的措施来防止这些损害。对于已经出土的文物，相关人员需要通过控制湿度、温度、防止虫害和紫外线等措施来确保其能够得到妥善存储，以保护这些人类文化的珍贵遗产。

12. 修复与保护

如果文物出现了任何形式的损坏，无论是外观磨损、颜色褪色，还是结构稳定性下降，相关机构都需要立即寻求专业修复人员的帮助。这些专业人员经过多年的培训和经验积累，具备了修复各种文物的知识和技能，能够针对不同的文物采用不同的修复方法和材料。

在不正确的修复方法下，文物可能会遭受更大的伤害。一些非专业人员可能会尝试自己修复文物，但由于缺乏专业知识和技能，他们可能会使用不合适的材料或者采用错误的方法。这不仅无法有效地修复文物，还可能进一步加剧文物的损坏程度。因此，为了确保文物的完整性和价值得到最大程度的保护，当发现文物有任何损坏时，一定要寻求专业修复人员的帮助。

13. 预防盗窃

田野文物，这些古老而珍贵的文化遗产，对于盗掘者来说具有极高的价值。他们为了牟取暴利，不惜冒险进行非法挖掘和盗窃。为了保护这些无价之宝，应当采取必要的预防措施，确保田野文物的安全。

首先，安装监控设备是一种有效的手段。通过安装高清摄像头和远程监控系统，相关人员可以实现对文物区域的全面覆盖，实时监控文物的状态。这样，一旦有盗掘者出现，相关人员就可以立即采取行动，防止他们得逞。

其次，提高警觉性是必不可少的。相关人员需要加强对文物区域的巡逻力度，安排专人定期检查文物的安全状况。同时，还要提高公众的文物保护意识，鼓励大家积极参与文物保护工作。

最后，向当地执法部门报告任何可疑活动是每个公民应尽的义务。当发现有任何可疑人员或活动时，应当立即向执法部门报告，以便他们能够及时采取行动，打击盗掘行为。

保护田野文物安全需要全社会的共同努力。通过安装监控设备、提高警觉性以及向执法部门报告可疑活动等措施，人们可以为田野文物提供更加全面的保护，确保这些无价之宝能够得以传承和发扬光大。

14. 建立信息共享平台

通过建立信息共享平台，不同的考古团队可以方便地共享彼此的发现和研究结果。这个平台可以成为一个集中的资源库，将各种宝贵的信息和数据汇总在一起，从而方便研究人员获取和参考。这样的平台不仅可以让各个团队避免重复劳动，提高研究效率，而且还有助于保护文化遗产，使它们得到更好的保护和管理。信息共享可以减少对遗址的破坏和遗失，同时促进学术交流和合作，进一步推动考古学的发展。

二、田野文物的登记管理

（一）登记管理制度的重要性

田野文物是人类历史长河中不可或缺的一部分，承载着人类文明发展的痕迹，具有极高的历史、艺术、科学价值。然而，由于种种原因，这些珍贵的文化遗产面临着种种威胁，如自然侵蚀、人为破坏、盗窃等。因此，建立完善的田野文物登记管理制度显得尤为重要。

田野文物登记管理制度，是对分布在农村、城市郊区、山区等地的具有历史文化价值的文物进行登记、管理、保护的制度。其目的在于加强对田野文物的保护，防止文物盗窃、破坏、流失，同时为文物的保护、修复、研究提供基础资料和依据。

同时，这一制度的实施也离不开广大公众的支持和参与。加强公众宣传和教育，可以提高公众对文物的保护意识，让更多的人参与到文物的保护工作中来。田野文物登记管理制度是一项重要的文化遗产保护措施，对文物的保护和研究具有深远的影响。相关人员应该不断完善和落实这一制度，为文化遗产保护事业做出更大的贡献。

1. 有利于文物的保护和修复

通过实施田野文物登记管理制度，相关人员可以系统地收集和整理关于文物的详细信息，包括它们的分布情况、数量多少、保存状况等。这一制度的实施，为文物的保护和修复工作提供了宝贵的资料和依据，也使得工作人员可以更加科学、精准地开展保护和修复工作。

田野文物登记管理制度的建立还有助于提高文物的保护和管理水平。通过对文物的登记和管理，相关人员可以更好地掌握文物的分布情况、保存状况和保护需求等信息，为制订更加科学合理的保护措施提供可靠的依据。同时，这一制度的实施还可以促进文物相关法律法规的完善和执行，为文物的保护和管理提供更加有力的保障。田野文物登记管理制度还可以促进不同地区、不同文化之间的交流和互动。登记文物信息，可以方便各地之间的文化交流和合作，增进不同地区人民之间的相互了解和友谊。

同时，田野文物登记管理制度的推行，对存在危险的文物也能及时采取有效的保护措施。这一制度可以有效地避免文物的进一步破坏和流失，为文物的保护工作提供了强有力的支持。这也体现了对文化遗产的尊重和保护，为后代留下了宝贵的历史财富。此外，田野文物登记管理制度还能促进文物相关研究的深入开展。通过对文物的详细研究和解读，相关人员可以更好地理解历史文化的精髓和演变过程，为学术研究提供重要的资料和线索。

2. 有利于打击文物盗窃和非法交易

田野文物登记管理制度的建立，使得文物的身份信息得以明确，为打击文物盗窃和非法交易提供了有利证据。同时，与公安、海关等部门的合作，可以有效地防止文物的盗窃和非法交易。

3. 有利于提高公众对文物的认识和保护意识

建立田野文物登记管理制度，可以让更多的人深入了解文物的价值和重要性，并提高公众对文物的认识和保护意识。这一制度的实施，不仅可以让人们更加关注文物的保护和管理，还可以促进文物相关产业的发展，为当地经济带来更多的收益。

同时，通过参观已经登记过的文物，公众可以更直观地感受到历史文化的魅力，进一步增强对文物的保护意识。这些文物是历史的见证，是中华民族的文化瑰宝，通过参观和学习，人们可以更好地了解和传承中华民族的历史和文化。

田野文物登记管理制度的建立在提高公众对文物的认识和保护意识、促进文物相关产业的发展、增强文物的保护和管理水平等方面都具有重要的意义。相关部门应该积极推广这一制度，让更多的人了解和关注文物的保护和管理，共同守护我国文化遗产。

在实施田野文物登记管理制度的过程中，还需要注重相关部门的协调与配合。文物部门需要与其他政府部门、社会团体、学术机构等加强沟通与合作，共同推进文物的保护和管理。同时，还需要广泛吸纳社会力量参与，鼓励公众参与文物的保护和管理工作，形成全社会共同关注、共同参与的良好氛围。

田野文物登记管理制度的建立是一项长期而艰巨的任务，需要不断探索和完善；需要加强对文物登记管理的监督和评估，不断完善相关制度和措施，确保这一制度能够真正发挥出其应有的作用；还需要加强宣传和教育力度，提高公众对文物的认识和保护意识，推动全社会形成共同关注文物、共同保护文物的良好局面。

（二）登记管理系统的设计

随着中国文化遗产保护的深入，田野文物的保护和管理工作变得越来越重要。为了提高田野文物的管理效率、保障文物的安全，加强田野文物登记管理系统的设计十分重要。

1. 系统需求分析

（1）基础数据管理

基础数据管理是一项至关重要的任务，它涵盖了对文物相关数据的维护和更新。这包括详细记录文物的类型、状态以及来源等信息。对于一个成功的文化遗产保护项目，准确且及时更新这些基础数据是必不可少的。通过确保数据的准确性和完整性，相关人员能够为决策者提供有力支持，从而更好地规划和管理文化遗产的保护工作。

（2）田野文物信息登记

对新发现的田野文物要进行详细登记，这项工作至关重要且需要高度的责任心。通过详细的登记，能够完整地记录下这些珍贵的文物信息，为后续的研究、保护和展示提供可靠的依据。在登记过程中，相关人员需要对每一件文物进行详细的描述，包括文物的材质、形态、颜色、纹饰等方面。这些细节信息的记录能够帮助工作人员更好地了解文物的特点和历史背景。另外，相关人员还需要准确地记录下文物的发现地点和发现时间。这些信息对于推断文物的年代和使用场景具有重要意义。相关人员还需要对文物的来源和流传过程进行详细的记录。这些信息可以帮助相关人员了解文物的历史沿革和传承关系，为后续的研究提供更多的线索和背景资料。另外，对新发现的田野文物的详细登记，还有助于工作人员建立更为完整的历史文化档案。通过准确的记录，人们能够更好地了解文物在历史上的地位和作用，为后续的研究提供有力的支持。

通过新发现的田野文物的详细登记，人们可以更好地保护和利用这些珍贵的文化遗产，为后人留下更为完整的历史记忆。对新发现的田野文物进行详细登记，这一举措意义重大，因为这些文物不仅仅是历史的见证，更是人类文明的瑰宝。通过详细的登记，人们可以更好地了解这些文物的背景、历史和价值，为后续的研究、保护和展示提供宝贵的依据。

这些档案不仅对于学术研究具有重要的参考价值，还可以为文化传承、历史教育和文化旅游等方面提供丰富的素材和资源。对新发现的田野文物进行详细登记是一项不可或缺的工作。通过这一举措，可以更好地了解和保护人类文化遗产，为历史文化的传承和发展做出积极的贡献。

（3）文物追踪管理

文物追踪管理的重要性不容忽视。它不仅是为了防止文物被盗或遗失，更是为了确保这些珍贵的历史遗迹能够得到充分的保护和研究。在许多国家，文物追踪管理已经成为一项法律规定的任务。政府机构和民间组织纷纷参与到这项工作中，以加强对文物的管理和保护。他们不仅对文物的位置进行跟踪，还对文物的运输、存储和修复过程进行严格的监管。文物追踪管理的实施需要借助先进的技术手段。全球定位系统、无人机、人工智能等高科技的应用，为文物追踪管理带来了更多的便利。例如，通过无人机巡逻，可以有效地发现和监控文物的状态，防止非法挖掘和盗窃行为的发生。除了技术手段的提升，文物追踪管理还需要完善的管理制度和法律法规作为保障。政府机构需要制定严格的法规，对文物的出境、进口、出口等进行严格监管，同时对破坏文物的人员进行严厉惩罚，以形成有效的震慑。民间组织可以通过田野调查、文物修复、提供资金支持等方式，积极参与文物追踪管理工作。同时，民间组织还可以通过宣传教育，提高公众对文物的保护意识，让更多的人参与到文物保护事业中来。文物追踪管理是一项艰巨而又重要的任务。只有政府机构、民间组织和全社会的共同努力，才能实现对文物的有效保护和管理，确保这些珍贵的文化遗产能够得以传承和发扬光大。

（4）查询与统计

提供灵活的查询和统计功能，方便用户快速了解文物的数量、分布等情况。

（5）系统管理

系统管理是一个至关重要的环节，它涵盖了一系列重要的功能，以确保整个系统的稳定、安全和高效运行。其中，用户管理是系统管理的重要组成部分，它涉及对所有用户账户的创建、管理和维护。权限管理则负责根据用户的角色和职责，对用户进行相应的权限分配，以确保系统的安全性。此外，数据备份是系统管理中不可或缺的一环，它能够在发生意外情况时，迅速恢复数据，确保系统的正常运行。通过这些功能的协同作用，系统管理能够确保整个系统的稳定、安全和高效运行，为用户提供更好的使用体验。

（三）内容版块设计

1. 数据库设计

采用关系型数据库管理系统（RDBMS），如 MySQL 或 Oracle，设计数据库表结构，存储田野文物的各类基础数据和相关操作记录。

在构建数据库以存储田野文物的各类基础数据和相关操作记录时，相关人员采用了关系型数据库管理系统（RDBMS），如 MySQL 或 Oracle。这些数据库系统具有强大的数据存储和管理功能，能够有效地支持各种复杂的查询和数据操作。在设计数据库表结构时，充分考虑了田野文物数据的特性和需求。每个文物都可以被视为一个独立的实体，具有多种属性，如名称、年代、材质、尺寸等。为了能够准确地描述这些属性，相关人员设计了一系列的数据表，如文物表、文物属性表、文物操作记录表等。其中，文物表用于存储每个文物的基本信息，包括文物名称、年代、材质、尺寸等；文物属性表则用于描述文物的各种属性，如形态、纹饰、颜色等；文物操作记录表则用于记录对文物的所有操作，包括添加、修改、删除等。

这种设计可以实现对田野文物的精细化管理，提高数据的一致性和完整性。相关人员还采用了索引和查询优化等技术，确保了数据访问的高效性和灵活性。相关人员还考虑了数据的安全性和可靠性，对于重要的数据，采用了备份和恢复策略，确保数据不会因为硬件故障或人为错误而丢失。同时，还采用了权限管理机制，限制了对数据的访问权限，确保数据的安全性。采用关系型数据库管理系统（RDBMS），如 MySQL 或 Oracle，设计数据库表结构，存储田野文物的各类基础数据和相关操作记录，是一种高效、可靠、安全的数据管理方案。

2. 地理信息系统集成

将地理信息系统技术引入系统，实现田野文物的地理位置信息与文物本体信息的关联展示。使用地理信息系统技术，可以将田野文物的地理位置信息与其本体信息进行关联，并在系统中进行展示。可以选择开源的地理信息系统软件，如 OpenLayers 或 GeoServer，进行集成开发。这些开源的地理信息系统软件具有强大的功能和灵活性，可以满足各种不同的需求。地理信息系统集成开发，可以将田野文物的地理位置信息与其本体信息进行无缝集成，实现信息的全面展示和查询。

3. 用户界面设计

采用现代 Web 技术，如 HTML5、CSS3 和 JavaScript，设计系统的用户界面。这些技术使得用户界面更加丰富、灵活，同时确保了用户体验的友好性和操作的简便性。通过使用这些技术，用户可以轻松地浏览和操作界面，

实现更加流畅的使用体验。此外，为了确保用户界面的稳定性和可靠性，还可采用响应式设计，使得界面能够适应不同的屏幕尺寸和设备类型，从而提供更好的用户体验。

4. 后台管理模块设计

该模块涵盖了用户管理、权限管理、数据备份与恢复等功能。用户管理能够帮助管理员轻松管理所有用户的信息，包括用户名、密码、联系方式等。权限管理则能够细致划分不同用户的权限，确保每个用户只能访问自己被授权的资源，而不能访问未授权的资源。数据备份与恢复功能则保证了在意外情况下，如数据丢失或损坏，能够迅速恢复到正常状态，确保工作的连续性。

5. 数据安全设计

加密算法、数据备份和容灾等技术手段，可以确保系统数据的安全性和可靠性。

田野文物登记管理系统是文化遗产保护的重要工具，可以提高田野文物的管理效率，保障文物的安全。通过对系统需求的分析，设计了合理的系统架构和数据库结构，实现了系统的登录、基础数据管理、文物信息登记、文物追踪管理、查询与统计、系统管理等主要功能。这样的田野文物登记管理系统可以满足实际需求，为田野文物保护工作提供有力的支持。

（四）登记管理的难点与对策

1. 田野文物登记管理的难点

（1）田野文物数量庞大，登记工作烦琐

田野文物，这些历史的见证者，散落在广袤的大地上，像一颗颗明珠，等待人们去发现、欣赏。然而，它们的数量之大，登记工作之烦琐，让人望而生畏。在我们这个充满历史和文化遗产的国度，田野文物的数量犹如繁星一般，难以计数。从古代的陶器、石器，到近代的建筑、桥梁，每一件都有其独特的历史和文化价值。它们不仅仅是物件，更是历史的载体，是文化的传承。因此，要将这些文物一一登记在案，是一项无比繁重的工作。

登记工作需要详细记录文物的年代、材质、形状、颜色等信息，同时还需要对文物的历史背景、文化内涵进行深入的研究和解读。这些工作不仅需要大量的人力和时间，更需要有专业的知识和技能。然而，由于田野文物的数量巨大，登记工作的烦琐程度往往让人无从下手。不仅如此，田野文物的保护也是一个重要的问题。由于文物的数量众多，如何确保每一件文物都能得到有效的保护和修复，也是一个令人头疼的问题。这需要人们在登记工作的同时，加强对文物的保护和修复工作的投入和研究。

尽管田野文物的数量大、登记工作烦琐，但不能因此而放弃。只有深入细致地工作，才能更好地保护和传承这些珍贵的文化遗产。这是一项艰巨的任务，但也是一项充满意义的事业。只有用心去呵护这些文物，才能让它们的历史和文化得以延续和传承。

（2）文物信息采集困难，难以保证准确性

田野文物信息采集是一项复杂而至关重要的任务，涉及对历史遗迹、文化遗址和文物等宝贵文物的详细调查、记录和分析。这项工作不仅要求对文物的历史、文化、艺术和科学价值有深入的了解，还要能够准确地记录和整理这些信息，以便为学术研究、保护计划和公众教育提供可靠的依据。然而，由于田野文物信息采集工作涉及的领域广泛、内容复杂，加上环境、技术、人员等因素的影响，这项工作面临着许多困难和挑战。其中最突出的问题之一是难以保证采集信息的准确性。这可能是由于采集人员的主观错误、技术设备的误差、环境干扰或其他未知因素导致的。

首先，田野文物信息采集涉及大量的历史、文化、艺术和科学知识，需要专业人员的参与和指导。但是由于缺乏统一的规范和标准，不同人员对文物的理解和鉴定结果可能存在差异，这直接影响了采集信息的准确性。

其次，田野文物信息采集需要投入大量的时间和精力。这是因为文物分布广泛，数量众多，覆盖了各个地区和历史时期。采集人员需要对每个文物进行详细的调查和研究，以便准确地记录和评估它们的价值。然而，由于时间和人力资源的限制，采集人员往往无法对每个文物进行深入的研究和鉴定。他们只能依靠有限的资料和经验进行判断，这可能会影响采集信息的准确性。因此，为了提高田野文物信息采集的效率和准确性，需要完善的工作流程和技术手段。此外，田野文物信息采集还面临着许多其他的问题，比如文物的保护和管理问题、文物的归属和权益问题、社会认知和文化认同问题等。这些问题的存在也会对采集信息的准确性产生影响。

田野文物信息采集需要全社会的共同努力和支持。只有通过加强规范化和标准化建设，提高专业素养和技能水平，借助现代科技手段，借鉴成功经验等方式，相关人员才能更好地解决采集困难和难以保证准确性等问题，为文物的保护和传承工作提供更加全面和准确的信息支持。

（3）传统登记方式效率低下，无法满足现代管理需求

传统的田野文物登记方式一直以来都是以纸质媒介为主。这种方式虽然在一定程度上能够满足日常管理的需要，但随着时间的推移和技术的不断进步，其问题逐渐显现出来。

首先，传统登记方式效率低下。每一次登记文物信息都是一项烦琐的任务，需要工作人员手动填写各种表格、整理大量资料。这种传统的方式不仅耗费大量的时间和人力资源，而且容易在处理过程中出现误差。此外，由于这些文物信息通常以纸质资料的形式保存，对保存环境的要求较高，并且容易受到损坏，这就给文物信息的保管带来了安全性上的挑战。因此，寻求一种更加高效、准确的登记方式，是文物保护领域亟待解决的问题之一。

其次，传统登记方式无法满足现代管理需求。随着数字化时代的飞速发展，数据的实时更新和共享变得日益重要。然而，传统的田野文物登记方式却无法满足这一需求，因为它无法实现数据的实时更新和共享。这使得文物管理人员无法及时掌握文物的最新情况，从而无法对文物进行精准的保护和管理。这种局限性不仅影响了文物的保护水平，还可能因为信息不对称而给文物带来潜在的威胁。因此，需要一种新型的解决方案来解决这个问题。

随着科技的飞速发展，诸如人工智能、大数据、物联网等先进技术正逐渐渗透到人们生活的方方面面，为各行各业带来了前所未有的机遇。对于文

物管理领域而言，这些技术手段也许会在未来带来革命性的改变，使工作效率和精度得到显著提升。

2.田野文物登记管理的对策

（1）引入现代技术手段，提高登记效率

在田野文物登记管理中引入现代技术可以极大地提高工作效率和保护效果。以下是一些可以采取的策略。

①数字化和信息化技术

利用先进的、高清晰度的摄像头和无人机等设备，对田野文物进行全方位的拍摄和记录，以建立详尽且精准的数字档案。这些数字档案不仅包括田野文物的图片和视频，还涵盖了其三维模型等多元化信息。这些信息不仅有助于人们更好地了解和保存这些珍贵的文化遗产，也为后续的研究、保护和修复工作提供了重要的参考依据。

通过这种数字化的方式，人们可以更加便捷地进行田野文物的信息化管理。这种方式不仅可以减少因时间、天气等自然因素对文物造成的损害，还可以通过数据比对，更准确地记录文物的变化情况，为文物的保护和修复提供更加精确的依据。同时，田野文物的数字档案也可以为公众提供更多元化的文化体验，让更多的人了解和参与到文物的保护中来。

②物联网和传感器技术

通过先进的物联网和传感器技术，相关人员可以实现对田野文物的实时状态监测和环境变化跟踪。这些传感器可以精细地捕捉文物的温度、湿度、光照等关键参数，确保文物处于最佳的环境中。当文物所处的环境发生变化，尤其是出现异常温湿度或者光照等状况时，系统会立即发出警报，提醒相关人员及时采取保护措施，避免文物受到损害。

③地理信息系统

利用先进的地理信息系统技术，人们能够以极其精确的方式将田野文物的位置、分布、周边环境等信息进行可视化展示。这一创新技术不仅有助于对文物进行空间分析，以便更好地理解它们的形成和演变过程，而且还可以为保护规划者提供有力的决策支持。通过将文物的相关信息和数据录入到地理信息系统中，建立数字化的档案，为未来的研究和保护工作提供准确可靠的基础。

④ VR 和 AR

在田野文物信息采集领域，VR 和 AR 技术的应用带来了革命性的变革。这些技术通过三维扫描技术，能够精确捕捉并记录文物的每一个细节，生成高分辨率的三维模型，为文物的数字化档案提供了基础。这些模型不仅为学术研究和文物修复提供了重要参考，而且通过数字化展示，使得文物可以不受地域限制地被全球观众访问和学习。AR 技术，特别是全景技术，使用户能够在虚拟环境中全方位地查看文物，提供了沉浸式体验，增强了公众对文化遗产的认识和兴趣。此外，数字化手段还允许将文物的三维模型和相关信息上传至网络平台，实现资源共享，扩大了文化遗产的影响力。数字化建档技术减少了对原始文物的物理接触，降低了损害风险，尤其是对易损文物的保护具有重要意义。结合 GIS 和数据库技术，采集到的文物数据可以进行有效管理和深入分析，提高了考古研究的效率和质量，为遗产保护管理提供了科学依据。

⑤区块链技术

区块链技术是一种非常先进的分布式数据库技术，其独特的去中心化、数据难以篡改的特性，使得它可以被广泛应用于各种领域。其中，利用区块链技术来创建不可篡改的数字证书，是一种非常有前景的应用。

通过区块链技术来创建不可篡改的数字证书，可以为每一件田野文物提供一个独特的身份证明。这个数字证书包含了文物的所有权、来源和历史等信息，使得人们可以在任何时候都能够准确地了解文物的真实情况和历史背景。同时，由于区块链技术的去中心化和数据难以篡改的特性，这些数字证书的真实性和合法性得到了充分的保障，使得人们无需担心文物的真实性和合法性会受到损害。

利用区块链技术来创建不可篡改的数字证书，不仅可以为田野文物的保护提供强有力的支持，还可以为历史文化遗产的传承和发展做出积极的贡献。

⑥云计算和大数据技术

通过云计算和大数据技术，相关人员可以将田野文物的数字档案和相关信息进行存储和分析。这可以提高数据的安全性和可靠性，同时也能为学术研究和文物保护提供更多的数据支持。此外，通过云计算和大数据技术，还可以实现田野文物的数字化复原和虚拟展示。这样一来，公众可以在网络上更加直观地了解和感受文物的历史和文化价值，从而增强对文化遗产的保护意识。同时，数字化复原和虚拟展示还可以为文创产业的发展提供更多的想象空间和创意灵感。

⑦移动应用程序（APP）

开发一款专门的移动应用程序，方便田野文物的登记和管理。这款应用程序不仅具备高效的数据采集、录入和更新功能，而且界面设计简洁明了，操作起来非常容易，即使是初次使用者也能快速上手。该应用程序能够充分利用移动设备的优势，让工作人员随时随地完成工作，节省了时间和精力，提高了工作效率。同时，该应用程序还具备强大的数据存储和备份功能，确保数据的安全性和完整性。

通过使用这款移动应用程序，田野文物的登记和管理将变得更加便捷、高效和安全。工作人员可以更加专注于工作本身，而不用担心操作上的烦琐和数据安全问题。这将为田野文物的保护和管理带来更加积极的影响，推动相关工作的顺利开展。此外，该移动应用程序还将不断进行更新和优化，以适应不同阶段的工作需求和技术发展。通过与合作伙伴的紧密合作，该应用程序将不断扩展功能、提高性能、完善用户体验，为田野文物的登记和管理提供更加全面、高效、安全的服务。这将为田野文物保护工作带来更加积极的影响和便利，同时也将不断推动相关技术的进步和发展。

（2）定期整理与更新

为了确保文物档案的准确性和完整性，需要进行一系列细致且严谨的工作。这包括对已收集的文物档案进行分类、编目、整理、修复等。这些工

不仅需要专业知识，还需要耐心和细心，以确保每一份文物档案都得到妥善的处理和保存。同时，还需要关注文物的最新发现和研究进展，及时更新文物档案的信息。因此，定期进行整理和更新文物档案是至关重要的。在文物档案的整理和更新过程中，还需要注重保护文物的原始状态和历史价值。这意味着在处理文物档案时，需要采取适当的措施，如使用适当的存储材料和方法，以确保文物的长期保存和保护。此外，还需要加强文物档案的数字化管理，以方便查询和使用。这可以通过使用专业的数字化设备和技术来实现，如扫描、拍照等，将文物档案转化为数字化格式，并存储在计算机系统中。这样不仅可以提高文物档案的利用率和便利性，还可以延长文物的使用寿命和保护其历史价值。

三、制定田野文物档案的整理规则

整理是确保档案准确性和完整性的关键步骤。为了实现这一目标，必须制定一套科学合理的整理规则，以确保文物信息的分类、编目和编排符合规范。这些规则应该基于对文物特点和历史背景的深入了解，以及对相关学科理论和最佳实践的借鉴。在整理过程中，需要采取谨慎的态度，注意保持文物的原始面貌和历史风貌，避免对文物造成任何不必要的损坏或改变。同时，还需要密切关注文物的保存状态和环境，确保它们得到适当的保护和管理。因此，整理不仅需要具备专业知识技能，还需要有高度的责任心和敬业精神。

（一）建立田野文物档案的保管制度

建立田野文物档案的保管制度是确保文物档案安全、完整和长期保存的关键环节。为了确保文物档案的安全，相关人员需要制定一套完善的保管制度，明确责任和分工，加强档案的日常管理和定期检查，确保档案的存储环境符合标准，防盗、防火、防水、防潮、防虫等安全措施得到有效落实。同时，还需要加强对档案的检查和维护，及时发现和处理问题，确保档案的完整性和安全性。通过建立田野文物档案的保管制度，人们可以更好地保护和传承文化遗产，为后人留下宝贵的文化遗产。为了有效地保护田野文物档案，需要进一步细化保管制度，包括以下几点。

1. 明确档案的分类和编码

对所有田野文物档案进行详细、准确的分类、编码和整理，确保每一份档案都有其独特的分类标签和编码标识，从而使其有序、清晰，方便查找和管理。通过这样的措施，可以轻松地追踪每一份档案的历史、属性和特征，从而更好地保护和管理这些珍贵的文化遗产。此外，相关人员还需要制定详细的档案记录计划，包括田野文物的发现、采集、挖掘、保护和研究过程，以及相关的历史、文化、艺术和科学价值。这些详细的记录将为人们提供宝贵的信息，帮助工作人员更好地理解这些文物的历史和文化背景，以及如何更好地保护和管理它们。同时，还需要建立完善的档案管理制度，包括档案的借阅、归还、遗失和损坏等方面的规定，以确保每一份档案都能得到妥善的管理和保护。这些措施将有助于相关人员更好地保存和管理这些珍贵的文化遗产，为未来的研究者和历史学家提供更加完整和准确的信息。

2. 定期检查和清理

定期检查和清理是一项非常重要的工作，它能够确保档案的安全和完整性，避免出现损坏、残破或者已经过时的情况。通过定期检查和清理，相关人员可以及时发现并解决档案中存在的问题，从而确保档案的准确性和可靠性。在执行这项任务时，需要采取一些措施，例如制定详细的检查计划，确定检查的时间和频率，以及选择合适的清理方法等。此外，相关人员还需要对档案进行分类和归档，以便更好地管理和使用。定期检查和清理是一项非常必要的工作，它能够提高档案管理效率，保障档案的完整性和准确性。在进行定期检查和清理时，需要具备一些专业技能和知识，如对档案材料的材质、制作工艺、保存环境等方面的了解，以及对档案历史、背景和价值的认识等。只有这样，才能更好地判断哪些档案需要清理，哪些档案需要保留，以及如何采取适当的措施来保护档案。

同时，还需要建立一套科学的管理制度，包括档案的登记、分类、保管、使用和清理等方面的规定。这些规定应该明确清晰，易于操作，并且能够随着时间的推移不断更新和完善。只有这样，才能更好地规范档案管理行为，提高档案管理效率和质量。此外，还需要加强对档案的保护和维护工作。定期检查和清理是档案管理中非常重要的环节。只有做好这项工作，才能更好地保障档案的安全和完整性，提高档案管理效率和质量。

3. 建立档案使用记录

为了确保档案的安全和完整性，相关人员采取了严格的措施来监控和管理档案的使用情况。不仅记录了借阅人的信息，还对借阅时间、归还时间等进行了详细的记录，以确保档案在使用过程中不会受到任何损失或损坏。这种措施的实施，不仅提高了档案管理工作的效率，还保障了档案的安全和完整性，为工作提供了更加可靠的保障。借阅人必须获得相应的授权才能借阅档案，归还档案时也需要进行严格的检查，以确保档案的完整性和安全性。此外，还会定期对档案的使用记录进行审查和分析，以便及时发现和解决潜在的安全风险和问题。这些措施的实施，不仅提高了档案管理工作的效率和质量，也保障了档案的安全和完整性，为工作开展提供了更加可靠的保障。

4. 定期维护和保养

定期对档案进行维护和保养是一项非常重要的工作，因为档案是记录企业或个人重要历史和信息的重要载体。采取适当的措施，如防潮、防虫等，可以延长档案的使用寿命，确保信息的完整性和准确性。

为了有效地维护和保养档案，需要采取一系列的措施。首先，要控制档案的存放环境，保持干燥、通风良好，避免潮湿和霉变。为了确保档案的保存状况良好，必须严格控制其存放环境。保持干燥是至关重要的，潮湿的空气和水分可能会导致档案发霉和腐烂。同时，良好的通风能够避免档案在存放过程中产生异味和霉味。通过维持一个干燥、通风良好的环境，人们可以有效地防止档案受潮、霉变和损坏，从而确保其长期保存和利用。其次，对于那些容易遭受虫害侵袭的档案，需要采取相应的防虫措施来进行处理。其中一种有效的方法是使用樟脑丸或其他天然驱虫剂来预防和保护这些珍贵的档案资料。这样做可以确保档案免受虫害的侵扰，从而保证它们的完整性和保存价值。使用樟脑丸或其他天然驱虫剂是一种常见的防虫处理方法。樟脑丸是一种由樟树树干提取出来的天然结晶物质，具有强烈的驱虫效果，可以有效预防虫害的侵袭。同时，一些天然驱虫剂也可以起到类似的作用，如花椒、八角等中草药提取物，它们不仅具有驱虫效果，而且不会对档案造成任何损害。

在进行防虫处理时，相关人员需要根据档案的具体情况和保存环境来选择合适的防虫措施。同时，还需要定期检查档案的保存情况，及时发现和处理任何可能的虫害问题，以确保档案的完整性和保存价值。

通过定期对档案进行维护和保养，可以有效地保护档案的信息安全和完整性。同时，这也有助于提高档案的查阅和使用效率，为后续经营和发展提供有力的支持。因此，应该重视档案的维护和保养工作，确保档案能够长期保存并发挥其应有的作用。此外，对于一些珍贵的档案，如历史文献、古籍等，还需要进行更为特殊的维护和保养。这包括使用专业的档案保护材料，如保护套、保护盒等，以防止档案受到进一步的损坏。同时，对于这些珍贵的档案，还需要定期进行专业修复和整理，确保档案的完整性和可读性。

在维护和保养档案的过程中，还需要注重档案的电子化保存和备份。随着信息技术的不断发展，电子化保存已经成为一种趋势。通过将档案转化为电子文件，可以有效地避免档案的丢失和损坏，同时也可以提高档案的查阅和使用效率。因此，在维护和保养档案的过程中，需要注重档案的电子化保存和备份工作，确保档案的信息安全和完整性。

定期对档案进行维护和保养是一项非常重要的工作。采取适当的措施，如防潮、防虫等，可以延长档案的使用寿命。同时，注重档案的电子化保存和备份工作也是必不可少的。只有做好档案的维护和保养工作，才能确保信息的完整性和准确性，提高档案的查阅和使用效率，为企业的经营和发展提供有力的支持。

5. 建立应急预案

针对可能出现的突发事件，如火灾、水灾等，制定应急预案是非常重要的，因为这些事件可能会导致档案的损失。制定应急预案可以确保在紧急情况下，有明确的行动计划和步骤，以便最大程度地减少档案损失。在制定应急预案时，需要考虑各种可能的情况，并采取相应的措施来保护档案的安全。这可能包括建立紧急联系渠道、安排人员撤离、配备必要的消防设备或防水设备等。同时，应急预案还需要定期进行演练和评估，以确保其可行性和有效性。因此，制定应急预案是确保档案安全的重要措施之一。为了确保档案的安全，除了制定应急预案外，还需要采取其他措施。例如，可以加强档案室的安保措施，安装监控摄像头、加强门禁系统等，以防止人为的破坏或盗窃。同时，对于一些特别重要的档案，可以进行备份或数字化保存，以避免因突发事件而导致档案的永久性损失。

另外，在应急预案中，还需要特别注意人员的安全。在面对突发事件时，人员的生命安全是第一位的，因此在应急预案中需要制定相应的人员撤离和疏散方案。同时，还需要加强对员工的安全培训和教育，提高员工的安全意识和应急能力。为了确保档案的安全，需要采取综合性的措施。除了制定应急预案外，还需要加强安保措施、备份档案、培训员工等。只有这样，才能最大程度地保护档案的安全。

通过以上措施的实施，可以更好地保护田野文物档案的安全、完整和长期保存，为文化遗产的保护和传承做出更大的贡献。

（二）建立田野文物档案的利用制度

利用是挖掘档案价值的关键途径，需要制定一套健全的利用制度，以确保文物档案得到充分、合理、有效的利用。在实施利用过程中相关人员必须重视档案的保密和知识产权保护问题，同时还要关注档案的复制、数字化和信息化等方面的技术应用。

为了确保文物档案的安全，必须采取一系列非常严格且细致的保密措施。

首先，要求限制访问权限，只有经过授权的人员才能获取这些敏感信息。访问权限的限制不仅包括对不同级别人员的权限设置，也包括对不同部门或不同地区人员的权限控制。这样能够有效地防止未经授权的人员接触到文物档案，从而保障文物的安全。

其次，安全加密措施的设置也是必不可少的。对于文物档案的存储和使用，应当采用高级别的加密技术，确保即使在数据传输或存储过程中被截获，攻击者也无法轻易解密。同时，对于加密密钥的管理也必须严格，确保只有经过授权的人员能够获取密钥，避免密钥泄露带来的安全隐患。

此外，文物档案的复制和借阅流程也必须严格把控。在复制和借阅文物档案时，必须经过严格的审批流程，并且只能由经过授权的人员进行操作。同时，应当采用追踪技术，对文物档案的复制和借阅进行全程追踪，一旦发现异常行为，可以立即采取措施进行干预。保障文物档案的安全需要从多个方面入手，包括限制访问权限、设置安全加密措施以及严格把控复制和借阅流程等。这些措施的落实能够有效地提高文物档案的安全性，确保文物的永久保存。

通过这些措施，可以有效防止文物档案信息泄露和失窃，确保档案的保密性。

同时，还要关注知识产权保护问题。文物档案往往具有很高的文化价值和历史意义，因此需要尊重和保护相关权益人的知识产权。在利用过程中，需要与相关权益人进行充分沟通，明确使用范围和用途，并按照相关规定支付合理的使用费用。这样可以有效避免知识产权纠纷，确保文物档案的合法利用。

为了提高文物档案的利用效率，还需要关注档案的复制、数字化和信息化等方面的技术应用。通过采用先进的复制技术，相关人员可以制作出高精度的副本，使得更多的人能够接触到文物档案。同时，通过数字化技术，可以将纸质档案转化为数字信息，方便存储、检索和传输。信息化技术则可以帮助工作人员建立完善的文物档案信息管理系统，实现信息共享和快速查询，提高利用效率。

为了更好地满足社会各界对文物档案的利用需求，还应积极拓展文物档案的利用渠道。例如，为了提高公众对文物档案的认识和了解，可以策划一系列精彩的活动，如专题展览、讲座、研讨会等。这些活动将通过展示文物档案的珍贵实物、图片和多媒体资料，让公众更直观地感受到文物档案的历史价值和文化内涵。同时，还可以邀请知名专家学者进行现场讲解和交流，让公众更深入地了解文物档案的重要性和保护方法。通过这些活动，人们相信能够进一步增强大众对文物档案的认知和理解，提高全社会对文物档案的重视和保护意识。此外，还可以开展在线查询、远程利用等服务，使得更多的人能够方便快捷地获取到文物档案信息。

同时，为了提高文物档案的利用质量，还应加强文物档案的整理、编纂和研究工作。通过深入挖掘文物档案的历史价值和文化内涵，可以更好地揭示和传承中华民族的优秀传统文化。另外，还可以通过与其他文化机构、科研机构合作，共同开展文物档案的研究和开发工作，推动文化创新和发展。

制定一套完善的利用制度是发挥文物档案价值的关键途径。在利用过程中，需要重视档案的保密和知识产权保护问题，同时还要积极应用复制、数字化和信息化等技术手段，提高利用效率。为了更好地满足社会需求和提高利用质量，还应积极拓展利用渠道，加强文物档案的整理、编纂和研究工作。这样才能更好地发挥文物档案的价值，为文化传承和社会发展做出更大的贡献。

（三）加强田野文物档案管理的监督检查

监督检查是一项至关重要的任务，旨在确保档案管理质量得到充分保障。为了实现这一目标，必须制定一套完善的监督检查制度，以确保档案管理工作的各项制度和措施得到有效执行。在实施监督检查的过程中，需要密切关注档案管理的规范性、准确性和完整性等方面的问题。只有确保这些方面得到有效落实，才能提高档案管理工作的整体水平。

同时，还要关注档案管理人员的专业素质和工作能力等方面的提升。管理人员是档案管理工作的核心力量，他们的专业素质和能力直接关系到档案管理工作的质量和效果。因此，为了确保档案管理人员能够胜任这项工作，必须加强对他们的培训和考核，提高他们的专业素质和工作能力。具体而言，应该为他们提供系统的培训，包括档案管理的基本理论、方法和技能，以及相关的法律法规和职业道德等方面的内容。此外，还应该建立完善的考核机制，对档案管理人员的工作质量、效率和服务态度等方面进行全面的评估和监督，以确保他们的工作符合规范和标准。

通过加强对档案管理人员的培训和考核，不仅可以提高他们的专业素质和工作能力，还可以增强他们的责任心和使命感，使他们更加认真细致地对待档案管理工作，确保档案的完整性和安全性。同时，这也有助于提高档案管理工作的整体水平和服务质量，为企事业单位和社会公众提供更加优质、高效、便捷的档案管理服务。

在具体的监督检查过程中，可以采取多种方式，如定期检查、随机抽查、专项督查等。同时，还要注重与档案管理人员进行沟通和交流，了解他们在工作中遇到的问题和困难，并及时提供支持和帮助。通过这些努力，可以共同推动档案管理工作的持续改进和发展。

监督检查是保障档案管理质量的重要手段，必须得到充分重视和有效落实。通过制定完善的监督检查制度，加强对档案管理人员的培训和考核，可以不断提高档案管理工作的整体水平，为各项工作提供更加准确、完整、高效的档案支持和服务。

第三章 田野文物保护的法律、政策及国际合作

第一节 田野文物保护的法律

一、文物定义与法律地位

文物是历史文化的重要载体，它记录了一个国家、一个民族或一个地区的历史、文化、艺术和科技发展的历程。文物不仅是文化遗产的重要组成部分，也是人类共同的精神财富。然而，文物的法律地位和保护问题一直是社会关注的焦点。

从法律地位上看，田野文物属于国家重要的财产。根据我国的《中华人民共和国文物保护法》（以下简称《文物保护法》）的规定，田野文物属于国家所有，任何单位和个人不得私自占用、转让、毁坏或者破坏。同时，国家也明确规定了田野文物的保护管理责任主体，即各级政府和文物主管部门。首先，文物的保护是文物法律地位的核心。为了保护文物，各国政府和国际组织制定了一系列的法律法规，明确了文物保护的范围、责任主体和保护措施。在文物保护方面，法律规定了文物的不可替代性和不可再生性，强调了对文物的保护应当优先于利用的原则。其次，文物的利用是文物法律地位的延伸。在保护的前提下，文物可以被合理利用。文物的利用应当遵循法律法规的规定，不得对文物造成损害。同时，文物的利用应当有利于传承和弘扬历史文化，有利于推动经济发展和社会进步。

在实践中，为了更好地保护和管理田野文物，我国政府和文物主管部

门采取了一系列切实有效的措施。这些措施包括但不限于制定田野文物保护规划，通过详细周密的规划来确保文物的保护和管理工作得以有序开展。同时，政府还划定了文物保护单位，将具有重要历史和文化价值的文物遗址划定为保护区域，确保其得到妥善管理和保护。此外，政府还设立了文物保护机构，配备了专业的技术人员和设备，负责对田野文物的保护、修复和研究工作。

为了加强对田野文物的保护和管理，政府还加大了对田野文物违法行为的打击力度。对于任何破坏文物的行为，政府都采取严厉的惩处措施，给予违法者应有的惩罚。这不仅起到了震慑作用，也提高了公众对文物保护的意识和重视程度。

通过这些措施的实施，我国政府和文物主管部门在田野文物保护方面取得了显著成效。不仅文物的保存状况得到了明显改善，而且公众对文物保护的认识也在不断提高。这些成果得益于政府和文物主管部门的高度重视以及社会各界的共同努力。

田野文物作为国家和民族的重要文化遗产，其法律地位不可动摇。政府和全社会都应该共同努力，加强田野文物的保护和管理，确保这些珍贵的文化遗产得以传承和发扬光大。此外，田野文物不仅是国家和民族的宝贵遗产，也是全人类共同的财富。它们见证了人类历史的发展与演变，反映了不同地区、不同民族的文化传统和智慧。因此，保护田野文物不仅是对国家和民族的尊重，也是对全人类历史和文化的传承和贡献。

在当今社会，随着城市化、工业化的快速发展，许多田野文物面临着被破坏、损毁的威胁。一些开发商和私人业主为了追求经济利益，不惜破坏文物，严重威胁了田野文物的生存和安全。因此，加强田野文物的保护和管理显得尤为重要和紧迫。为了更好地保护田野文物，需要各级政府、文物主管部门、学术界、社会组织和广大公众共同努力。政府应加大对田野文物保护的投入和管理力度，完善相关法律法规，加强执法力度，严惩违法行为。文物主管部门应加强对田野文物的监测和研究，制定科学的保护规划和措施。

学术界应积极开展田野考古、文物研究等工作，为保护工作提供科学支持和理论指导。社会组织和公众则应提高对田野文物的认知和保护意识，积极参与保护工作。同时，相关机构也可以借助现代科技手段，如无人机、卫星遥感等技术，对田野文物进行实时监测和管理。这样可以及时发现并处理文物的破坏和损失问题，保障文物的安全和完整。

此外，对于文物的法律地位和保护问题，还需要关注以下几个方面。

一是公众参与和知情权。公众应当有参与文物保护和利用的权利和机会，同时也有了解文物信息和保护措施的权利。政府和相关机构应当及时公开文物信息，加强公众教育和宣传工作。

二是协调发展与保护的关系。在城市规划、交通建设等过程中，应当尽可能减少对文物的破坏和损害。同时，要注重协调文物保护与经济社会发展的关系，实现文物保护与经济社会的协调发展。

三是加强国际合作。各国应当共同合作，加强信息共享和技术交流，共同应对跨国文物盗窃和非法交易等问题。同时，也要积极参与国际文化遗产保护和利用的规则制定和标准制定工作。

文物的法律地位和保护问题是一个复杂而重要的议题。首先，要加强法律法规的制定和执行工作，提高公众意识和参与度，协调好发展与保护的关系，才能更好地保护和利用文物资源，为人类的文化传承和发展作出更大的贡献。其次，也需要关注文物利用的合理性和可持续性。在推动文物旅游和文创产业发展的同时，要注重保护文物的真实性和完整性，防止过度开发和商业化对文物造成的损害。此外，还需要加强对文物犯罪的打击和预防，保障文物的安全和合法性。除了法律手段，社会公众的力量也是文物保护的重要支撑。要加强宣传和教育，提高公众对文物的认识和保护意识，引导公众自觉遵守文物保护法律法规，共同营造良好的文物保护环境；同时，鼓励公众参与文物保护活动，如志愿者项目、文物捐赠等，让公众在参与中了解和体验文物的价值，增强对文物保护的认同感和责任感。

二、文物持有、使用、交易的法律限制

在田野文物的持有、使用和交易方面，中国法律设立了严格的限制。

持有：根据《文物保护法》和相关实施条例，任何个人或组织，除特殊情况外，不得拥有或持有国有田野文物。这是为了确保文物的保护和避免非法获取。同时，非文物收藏单位以外的公民、法人和其他组织若想合法收藏文物，必须通过诸如依法继承或接受赠予、从文物商店购入等合法方式。

使用：对于国有田野文物，如需使用，必须遵守不改变文物原状的原则。这意味着任何对文物的修复、保养、迁移等行为，都必须在严格依法进行的同时，保持文物的原始风貌。此外，建立博物馆、保管所或者为参观游览场所的国有田野文物，不得作为企业资产经营。

交易：在文物的流通方面，法律同样做出了明确规定。倒卖文物是违法的，最高可判十年有期徒刑。这意味着，除非通过合法途径，如从文物商店购买、从经营文物拍卖的拍卖企业购买等，或者根据法律规定的其他合法方式进行交易，否则倒卖文物将构成犯罪。

法律对于田野文物的持有、使用和交易设定了严格的限制，以防止文物的非法获取和不当利用，确保文物的保护和传承。除了上述提到的法律规定外，还有以下几点值得注意。

（一）文物保护单位分为两类

国家级文物保护单位和省级文物保护单位分别由国务院文物行政部门和省级人民政府文物行政部门负责保护工作。对于国家级文物保护单位，其保护工作由国务院文物行政部门全权负责，这些单位的历史价值和文化意义非常重大，因此需要得到最高级别的保护。省级文物保护单位则由省级人民政府文物行政部门负责，这些单位同样具有不可替代的历史和文化价值，但相

对于国家级文物保护单位来说，其保护级别稍低一些。

在具体保护工作方面，国家级文物保护单位和省级文物保护单位都需要制定和实施相应的保护计划，包括维护、修缮、保护措施等。同时，两个级别的文物保护单位都需要遵守文物保护法规，确保文物安全和保护工作的顺利进行。

国家级文物保护单位和省级文物保护单位的保护工作都非常重要，它们代表了不同层次的历史和文化价值。不同级别的文物保护单位所采取的保护措施和保护力度也存在一定的差异，但都旨在保护这些珍贵的人类文化遗产。

（二）在田野文物的修复和保护方面，法律规定必须由具备相应资质的机构或个人进行

这些被授权的机构或个人必须经过国务院文物行政部门或者省、自治区、直辖市人民政府文物行政部门的严格批准，以确保田野文物的修复和保护工作不仅符合法律要求，更是精准、专业、高效的。这些机构和个人，他们的专业知识、技能和经验，使他们在田野文物的修复和保护方面，能够做出卓越的贡献。他们的努力和贡献，使这些历史文化遗产得以保存，让后人也能领略到前人的智慧和创造力。

（三）对于涉及田野文物的开发利用活动，如房地产开发、基础设施建设等，相关单位必须事先进行文物考古调查、勘探和发掘，以确保文物得到有效的保护

这一举措的重要性不容忽视，因为这些文物是中华民族悠久历史与文化的珍贵载体，也是国家重要的文化资源。通过进行文物考古调查、勘探和发掘，相关单位能够更加全面地了解文物的分布情况、保存状况以及价值，从而为后续的开发利用活动提供科学依据。同时，这一过程也有助于提高公众

对文物保护的认识和重视程度，进一步促进文化的传承与发展。

（四）任何单位和个人在发现文物后，都应该立即向文物行政部门报告，不得隐瞒不报或者拒绝交出

这种行为是受到法律约束的，也是人们对文物保护应尽的义务。文物持有者或者发现者，如果违反这一规定，将可能面临严重的法律责任。这种法律责任不仅包括罚款、监禁等惩罚措施，还可能涉及刑事责任。

（五）根据法律规定，盗窃、抢夺、侵占、故意损毁文物等行为，都将受到法律的制裁

这些行为不仅违反了社会公德和道德规范，而且也损害了文化遗产的价值和保护。因此，人们应该尊重文化遗产，遵守法律法规，不参与任何破坏文物的行为，共同维护社会的和谐稳定和发展。

法律对田野文物的保护、修复、流通等设定了严格的限制和规定，以确保文物的有效保护和传承。同时，违反法律规定的行为也将受到严厉的处罚。

三、对文物犯罪的法律制裁

文物犯罪是一种严重的犯罪行为，对文化遗产造成了极大的破坏。为了保护国家文物，维护国家文化安全，我国法律对文物犯罪行为进行了严厉的法律制裁。

《中华人民共和国刑法》规定，盗窃、抢夺、毁灭国家机关、国有公司、企业、事业单位、人民团体的公文、档案、书籍、资料等文献性财产的，或者盗掘具有历史、艺术、科学价值的古文化遗址、古墓葬的，或者故意损毁国家保护的珍贵文物或者具有重要价值的文物的，都将受到法律的制裁。

对于多次进行文物犯罪活动或者因文物犯罪受过刑罚处罚的涉案人员，将会被从重处罚。这些措施旨在维护法律的公正性和严肃性，保护公共利益和社会秩序。

除了刑事制裁，对于文物犯罪的涉案人员，还将面临民事赔偿责任。如果被判有罪的人无力支付罚金或者赔偿金，将由法院强制执行。我国法律对文物犯罪行为进行了严厉的法律制裁，以保护国家文物，维护国家文化安全。除了以上提到的法律制裁，我国法律还规定了其他一些措施来打击文物犯罪。例如，对于涉嫌文物犯罪的人员，公安机关可以采取刑事强制措施，如拘留、逮捕等。此外，对于一些情节特别严重的文物犯罪行为，政府还可以采取更加严厉的措施，如没收涉案文物、关闭非法文物交易市场等。

我国还加强了文物安全保护工作。政府加大了对文物的登记、保护和修复力度，提高了文物的保护水平；还加强了对文物市场的监管，严厉打击非法文物交易活动，保护合法文物经营者的权益。

除此之外，我国还加强了国际合作，共同打击跨国文物犯罪行为。通过加入相关国际公约、双边或多边合作协议等方式，我国与世界各国开展合作，共同打击跨国文物犯罪活动，保护世界文化遗产的安全。这种合作不仅有助于保护世界文化遗产的安全，也有助于促进国际间的文化交流与合作，增进国际社会对中国文化的了解和认识。同时，我国还积极开展国内执法部门的合作，加强信息共享和行动配合，提高打击文物犯罪的效率和准确性。

我国在法律上对文物犯罪行为进行了严厉的法律制裁，并加强了文物保护和安全保护工作以及国际合作，以保护国家文物，维护国家文化安全。广大公众也应该积极参与到文物保护工作中来，共同守护人类的文化遗产。

第二节　田野文物保护的政策实施

一、政策制定与执行

田野文物保护政策的制定与执行机构通常由政府的文化遗产部门或相关机构负责。

（一）政策制定

田野文物保护政策的制定通常涉及政府的文化遗产部门、学术机构、专家委员会、公众和其他利益相关方的参与。这个过程通常包括以下步骤。

1. 问题识别

政府文化遗产部门会通过深入研究和识别，确定需要制定政策的问题。这些问题可能涉及田野文物的保护、修复、利用或传承等方面。这些文化遗产部门的工作人员通常具有深厚的文化背景和专业知识，能够准确把握问题的本质和关键，从而为政策的制定提供有力的支持和指导。

在田野文物的保护方面，政府文化遗产部门会关注文物的保存状况、环境因素、人为破坏等因素，并制定相应的保护政策。这些政策可能包括限制开发、禁止建设、加强巡查等方面的措施，以确保文物得到充分的保护和保存。

在田野文物的修复方面，政府文化遗产部门会注重科学修复技术的研发和应用，同时也注重传统修复技艺的传承和培训。这些政策可能包括设立修复基金、引入专业修复人才、鼓励社会力量参与修复等方面，以提高田野文物的修复水平和效率。

在田野文物的利用方面，政府文化遗产部门会寻找合理有效的利用方式，以充分发挥文物的历史、艺术、文化等多方面的价值。这些政策可能包括推动文化旅游、开展学术研究、举办展览活动等，以促进社会对田野文物的了解和认识。

在田野文物的传承方面，政府文化遗产部门会注重传统技艺的传承和发扬，同时也注重年轻一代的培养和教育。这些政策可能包括设立传承基金、鼓励技艺传承人开展培训和教育、推动技艺进入学校教育体系等方面，以确保田野文物的传承后继有人。政府文化遗产部门在田野文物的保护、修复、利用和传承方面发挥着至关重要的作用。通过制定科学有效的政策，文化遗产部门能够为田野文物的保护和传承提供有力的支持和保障。

2. 政策研究

一旦问题被精准识别，政府会立即委托顶尖的学术机构或汇聚各方专家的委员会进行政策研究，以确保对问题的性质、起因和可能的解决方案进行深入、全面的探讨。这样的研究不仅涵盖了各个领域的专业知识，还结合了实践经验，从而确保所得的解决方案既有理论依据，又能实际可行。

3. 公众咨询

在政策研究的过程中，政府通常会采取公众咨询的方式，广泛收集公众对特定问题的看法和建议。这样做的目的是了解民意，使政策制定更加贴近实际、符合民意。公众咨询可以通过多种渠道进行，比如设计并发放问卷调查，组织社区会议以便于民众交流，或者搭建在线平台让公众自由发表意见。这些方法都能够有效地收集到公众对于政策问题的看法和建议，为政府决策提供重要参考。通过公众咨询这种方式，政府可以更好地了解社会各界的观点和利益诉求，从而制定出更为合理、公正的政策。

4. 政策制定

基于详尽的研究结果和广泛公众意见的反馈，政府会制定出更加完善和精准的田野文物保护政策的具体内容和目标。这些政策旨在确保文物的完整性和真实性得到最大限度的保护，同时也会考虑如何平衡经济发展和文化传承的关系，以实现可持续的文化繁荣。

5. 政策审批

政策草案在提交给相关的政府机构进行审批之前，会进行详细的审查和评估。这个过程确保了政策草案与国家的整体战略和法律法规保持一致，同时也考虑到了社会各方面的利益和影响。政策草案的审查和评估是一个复杂而重要的过程，需要专业的政策分析师和法律顾问的参与，以确保政策的合法性和可行性。

（二）政策执行

在田野文物保护政策的执行过程中，政府文化遗产部门扮演着核心角色。他们通常会采取以下措施。

1. 制定实施细则

根据已获批准的政策，政府文化遗产部门会着手制定具体的实施细则，这些细则涵盖了资金分配、项目规划、时间表和技术标准等方面。在资金分配方面，政府部门会根据项目的紧急程度、实施难度和预算等因素，合理地分配资金，确保项目的顺利进行。在项目规划方面，政府部门会根据文化遗产的特点和保护需求，制定出详尽的项目计划，包括项目实施的具体步骤、时间节点和预期成果等。此外，政府部门还会制定详细的时间表，确保项目按时启动、实施和完成。在技术标准方面，政府部门会根据文化遗产保护的特殊要求，制定相应的技术标准和规范，以确保项目实施过程中能够达到预期的效果。总之，政府文化遗产部门在制定实施细则时，会充分考虑各种因素，确保项目的顺利实施，从而为保护国家文化遗产做出积极的贡献。

2. 资金分配

政府文化遗产部门会通过预算分配等方式，为田野文物保护项目提供资金支持。这些资金支持旨在保护和传承宝贵的文化遗产，确保这些珍贵的文物得到充分的保护和修复。政府文化遗产部门对田野文物保护项目的资金支持通常会根据项目的具体情况、保护难度、修复难度等因素进行评估和分配，以确保资金的有效利用和最大化的保护效果。这种资金支持不仅为田野文物保护提供了必要的物质保障，同时也彰显了政府对文化遗产保护的重视和支持。

3. 项目实施

在充足的资金支持下，地方政府、文化遗产机构、学术机构和其他合作伙伴会积极联手，共同推进田野文物保护项目的实施。这些项目可能涵盖广泛的领域，包括对历史文物的修复与养护、自然保护区的划定、独具特色的展览策划以及公众教育活动的开展。这一系列举措不仅有助于保护珍贵的文化遗产，还能促进当地经济的发展，增强公众对文化遗产保护的认识与参与。

4. 监督与评估

政府文化遗产部门会定期对田野文物保护项目的实施情况进行细致入微的监督和评估，以确保政策的有效、顺利执行。为了保障项目的质量，他们可能会与值得信赖的第三方机构进行紧密合作，如知名的文化遗产保护组织或专业机构，进行独立的质量评估和审计。这些机构会进行全面、客观、深入的调查和研究，对项目的实施情况、资金使用、保护措施等进行严格的检查和评估。此外，政府文化遗产部门还会根据评估结果，制定相应的改进措施和计划，确保田野文物保护工作的持续推进和不断完善。在监督和评估的过程中，政府文化遗产部门还会注重与当地社区和民众的沟通和合作。他们深知，文化遗产的保护不仅是一项政府的任务，更是一项全民参与的使命。因此，他们积极邀请当地社区的代表参与评估过程，听取他们的意见和建议。这有助于增强公众对文化遗产保护工作的理解和支持，同时也有利于促进当地社区的参与和投入。

5. 反馈与调整

根据监督和评估结果，政府文化遗产部门会对政策的执行情况进行详细的反馈和精细的调整。如果他们在监督过程中发现政策执行存在问题或不足，他们会立即采取相应的措施进行改进，以确保政策的顺利实施。这些改进措施可能包括增加资源、改进程序、调整政策等，以确保文化遗产得到妥善保护和传承。政府文化遗产部门对政策的执行情况进行的反馈和调整，是确保政策有效实施的重要环节，也是保障公共利益的关键步骤。

总的来说，田野文物保护政策的制定与执行是一个复杂而系统的过程。通过多方参与和共同努力，政府文化遗产部门和其他合作伙伴能够制定出科学合理的政策，并确保其有效执行，以保护珍贵的田野文物，传承历史文化遗产。

二、田野文物保护政策的实施方式

中国拥有丰富的历史文化遗产，其中以古建筑、古文物、历史遗址等为代表的田野文物占据了重要的地位。为了确保这些文物的安全与完整，我国政府制定了一系列的田野文物保护政策。而这些政策的实施，则通过以下几种方式。

（一）立法保护

通过制定《文物保护法》等法律法规，确立了田野文物的保护原则、管理体制、保护措施等，为田野文物保护提供了法律保障。这些法律文件明确了文物保护的重要性和必要性，规定了各级政府及相关部门的职责和义务，建立了田野文物调查、登记、保管、使用等制度，确保了田野文物的安全和完整。同时，这些法律法规还加强了对文物市场的监管和管理，遏制了文物盗掘、非法交易等行为，使文物市场更加规范有序。此外，对于田野文物的保护，这些法律法规还鼓励社会各界的参与，包括文物保护组织、学术机构、民间团体等。它们可以开展田野考古、保护、修复等工作，为田野文物的保护提供更多的支持和帮助。同时，法律法规也强调了对田野文物的科学保护。这包括对文物的本体保护，如修复、复制、拓印等，以及对文物环境的保护，如对文物周边环境的整治、对文物利用的限制等。这些措施都旨在保护文物的真实性和完整性，防止文物在时间和自然因素的作用下遭受破坏。另外，法律法规还规定了田野文物的合理利用。在保护田野文物的前提下，可以利

用文物资源开展学术研究、文化交流、旅游开发等活动，使文物发挥其应有的价值。但同时，也需要防止对文物的过度利用和破坏，确保文物的可持续利用。通过制定《文物保护法》等法律法规，政府不仅为田野文物保护提供了法律保障，还鼓励了社会各界的参与和科学保护，促进了田野文物的合理利用。

（二）科研支持

鼓励科研机构、高校等开展田野文物保护的科研工作，为田野文物保护提供科技支持。这不仅有助于保护我国丰富的文化遗产，还可以推动相关领域的技术发展，为我国的文化传承事业做出重要贡献。科研机构和高校在此方面的努力，将为田野文物保护提供强大的科技支持，确保这些珍贵的文化遗产得以妥善保存，并传承给后代。同时，这些科研机构和高校还可以通过田野文物保护的研究，提高相关领域的科研水平，推动科技创新，为我国的科技进步做出贡献。另外，鼓励科研机构、高校等开展田野文物保护的科研工作，还可以促进社会各界对田野文物保护的关注和认识，提高公众的文物保护意识。

因此，相关部门应该鼓励科研机构、高校等开展田野文物保护的科研工作，为我国的文化遗产保护事业提供坚实的科技支持，共同推动我国的文化传承事业向前发展。此外，田野文物保护的科研工作还可以促进国际学术交流与合作。与国际同行开展田野文物保护的科研合作，可以共享资源、技术和经验，加强学术交流，增进相互了解和合作。这不仅可以提高我国在文物保护领域的国际地位和影响力，还可以为全球文化遗产保护事业做出贡献。同时，田野文物保护的科研工作还可以带动相关产业的发展。通过研究和开发新的科技手段和方法，可以为文物保护领域提供更加先进的技术支持，推动相关产业的技术创新和升级。这将有助于创造更多的就业机会和经济效益，同时也可以为我国的文化创意产业发展注入新的动力。

（三）设立专业机构

政府设立了专业的文物保护机构，这些机构负责着田野文物的保护、维修、研究和宣传等多项重要工作。这些文物保护机构通常包括博物馆、文物保护中心等。它们不仅拥有专业的技术人员和先进的设备，还积极参与着各项文物保护项目，致力于保护和传承中华民族的文化遗产。

这些文物保护机构的工作人员通常具有深厚的文化底蕴和专业知识。他们不仅对文物进行修复和维护，还开展着广泛的研究工作，挖掘文物的历史价值和文化内涵。同时，他们还负责宣传和教育公众，提高人们对文物保护的认识和意识。

这些专业的文物保护机构可以更好地保护和传承中华民族的文化遗产，让后人能够了解和欣赏我国历史和文化。这些文物保护机构还经常与学术界、文化机构、社会团体等合作，共同开展文物保护和宣传活动。它们不仅在国内开展工作，还积极参与国际合作，分享经验和资源，推动全球文物保护事业的发展。

此外，这些机构还通过展览、出版物、数字化等方式，向公众展示和传播文物的价值和历史文化信息。这些工作不仅有助于提高公众对文物保护的认识和意识，还能促进文化交流和学术研究，推动社会文化的发展和繁荣。政府设立专业的文物保护机构是至关重要的，它们的工作对于保护和传承中华民族的文化遗产具有不可替代的作用。通过它们的努力，人们可以更好地了解和欣赏我国的历史和文化，同时也能为未来的文化传承和发展奠定坚实的基础。

（四）资金投入

政府高度重视文化遗产的保护工作，为了支持田野文物保护工作的开展，投入了大量的资金。这些资金被用于文物的维修、保护、研究和宣传等多个方面，以确保这些宝贵的文化遗产得以完整地保存下来，并传承给后代。

通过这种方式，政府不仅履行了自己的责任，也促进了社会文化的发展和进步。

（五）公众宣传和教育

政府通过各种渠道，向公众宣传田野文物保护的重要性和意义，旨在提高公众的文化遗产保护意识。这些渠道包括电视、广播、报纸、杂志等传统媒体，以及各类文化活动和展览。政府通过在媒体上发布公益广告、举办主题讲座、开展宣传周活动等方式，使公众更加了解田野文物保护的重要性，并引导公众自觉参与到文化遗产保护行动中来。此外，政府还通过与各类文化机构合作，举办各种文化活动和展览，向公众展示田野文物的魅力和价值，从而增强公众对文化遗产保护的认同感和责任感。通过这些渠道，政府成功地提高了公众的文化遗产保护意识，使更多的人关注田野文物保护事业，并积极参与到保护行动中来。

（六）加强国际合作

政府加强与国际组织和其他国家的深度合作，共同致力于推进田野文物保护工作。这种合作旨在通过共享资源、知识和经验，提高田野文物的保护水平，并确保文物的长久保存和传承。通过政府与国际组织和其他国家的交流与合作，可以学习到其他国家和组织在田野文物保护方面的先进经验和做法。这种学习可以涵盖多个方面，比如保护技术的创新、管理方式的优化、法律法规的制定和执行等。通过借鉴这些经验，相关部门可以进一步完善和改进田野文物保护工作，提高其整体水平。此外，这种合作还可以促进不同国家和地区之间的文化交流和理解。在交流合作的过程中，可以深入了解其他文化和文明对文物保护的观念和方法，从而增进相互之间的理解和尊重。这种跨文化交流对于推动全球文化遗产保护事业的发展具有积极意义。政府加强与国际组织和其他国家的合作，共同推进田野文物保护工作。这种合作对于保护全人类共同的文化遗产、确保文化的传承和发展具有重要意义。

（七）建立田野文物数据库

政府为了有效地保护田野文物，建立了田野文物数据库，对这些珍贵的文化遗产进行全面的调查、登记和记录。通过这个数据库的建立，政府可以更加精准地掌握田野文物的分布情况，了解其保存状况，并明确保护需求等信息，从而为制定针对性的保护措施提供重要的依据。这个田野文物数据库的建立，彰显了政府对文化遗产保护的重视。它不仅有助于更好地研究和理解田野文物的历史价值和文化内涵，而且可以为相关的保护工作提供准确的信息支持。此外，通过数据库的更新和维护，还可以实时监测田野文物的变化情况，及时发现并解决可能出现的问题。田野文物是中华民族悠久历史和灿烂文化的见证，是国家宝贵的财富。因此，建立田野文物数据库，对于保护国家文化遗产，维护国家历史和文化传承具有重要意义。同时，这也有助于提高公众对文化遗产保护的认识和参与度，促进社会文明进步和和谐发展。田野文物数据库的建立还有助于推动相关领域的研究和创新。通过共享田野文物的数据信息，研究者可以更加便捷地获取所需资料，开展深入研究，从而推动文物考古、历史研究等领域的发展。数据库还可以为学术交流和合作提供平台，促进国际间的学术合作和交流，提升田野文物保护的整体水平。建立田野文物数据库是政府对文化遗产保护工作的重要举措。全面调查、登记和记录田野文物，可以使政府更好地掌握其分布、保存和保护需求等信息，为制定针对性的保护措施提供依据。同时，数据库的建立还有助于推动相关领域的研究和创新，提高公众对文化遗产保护的认识和参与度，共同为保护国家文化遗产、维护历史传承做出贡献。

（八）实施保护工程

政府对于不同类型的田野文物，根据其历史、文化、艺术等价值，采取了各种针对性的保护工程。这些保护工程包括但不限于维修、复制、迁移以及原地保护等措施，旨在确保每一件田野文物的安全和完整性。其中，维修工程主要是针对那些遭受自然侵蚀或人为破坏的文物，通过技术手段进行修复和保护，以防止其进一步损坏。复制工程则是对那些已经无法修复的文物进行复制，以复制品代替原件，以便在展览和研究中使用。迁移工程通常是在文物面临严重威胁或无法原地保护的情况下进行的。政府会将文物迁移到更加安全和合适的地方，以便更好地保护和管理。原地保护则是对于那些无法移动的文物，采取一系列的保护措施，如建立防护设施、定期巡查等，以确保其不受外界环境的影响和破坏。

这些保护工程的实施，不仅有助于保护和传承我国的文化遗产，同时也彰显了政府对于文化遗产保护工作的重视和投入。通过这些工程，人们可以更好地了解和欣赏我国悠久的历史和文化，并为其传承和发展做出贡献。这些保护工程的实施，也带来了一系列的社会效益。首先，它们为我国的历史和文化传承提供了坚实的保障。田野文物是中华民族悠久历史和文化的见证，保护好这些文物，就是保护我国的根和魂。其次，这些保护工程也为相关产业的发展提供了支持。例如，文物维修和复制行业的发展，不仅带动了技术的进步，也创造了就业机会。再者，这些保护工程也为公众提供了更多了解和参与文化遗产保护的机会，提高了公众的文化遗产保护意识。此外，还需要社会各界的广泛参与和支持，形成政府主导、社会参与、公众监督的良好局面。政府针对不同类型和情况的田野文物实施相应的保护工程，具有重要的历史和文化价值，同时也具有广泛的社会影响。这些保护工程的实施需要政府和社会各界的共同努力和支持，以确保我国的历史和文化能够得以传承和发展。

（九）社会参与

鼓励社会力量参与田野文物保护工作，如志愿者活动、民间团体捐赠等，形成政府与社会共同参与的局面。在这个过程中，政府可以提供政策支持和资金投入，以促进田野文物保护工作的开展。同时，社会力量也可以发挥重要作用，通过志愿者活动和民间团体捐赠等方式，为田野文物保护工作提供人力、物力和财力支持。这种政府与社会共同参与的局面，可以形成合力，更好地保护和传承文化遗产。

田野文物保护政策的实施需要政府、专业机构、社会组织和公众等各方面的共同努力，通过法律法规的制定和执行、专业技术的支持、资金投入和公众宣传教育等措施的实施，共同推进田野文物保护工作的开展。

三、政策实施中的挑战与解决策略

（一）田野文物保护的政策实施中面临的挑战

1. 法律法规不完善

虽然国家已经出台了相关的法律法规，但是对田野文物保护的界定、保护措施、责任主体等方面仍然存在模糊和不明确的地方，这给执法和监督带来了不小的困难。对于田野文物保护的界定，不同的人有不同的理解，这使得在具体实施过程中难以形成统一的标准。同时，由于保护措施不够明确，相关责任主体也没有得到明确的界定，导致在保护田野文物方面缺乏有效的措施和手段。这些问题的存在，不仅给执法部门带来了困扰，也给田野文物的保护带来了极大的挑战。因此，需要完善法律法规，明确界定田野文物保护的各项内容，以便更好地保护这些珍贵的文化遗产。只有通过完善法律法规、严格执法、增强公众意识、借鉴先进经验和技术手段等多方面的措施，才能实现田野文物的有效保护和传承。

2. 保护意识不强

一些地方政府和群众对田野文物保护的重要性缺乏足够的认识，没有意识到这些文物所承载的历史、文化和艺术价值，以及它们对于地方和国家形象的重要性。由于缺乏保护意识和责任心，一些人存在乱占、乱建、乱采等行为。

田野文物是重要的文化遗产，代表了人类历史和文化的精髓。保护好这

些文物不仅可以传承和发扬中华文化，还可以为地方和国家带来不可估量的经济和文化价值。因此，地方政府和群众应该加强对田野文物保护的重视，增强保护意识和责任心，采取有效措施防止乱占、乱建、乱采等行为的发生，以确保文物得到充分的保护和传承。此外，一些地方政府对田野文物保护的法律法规执行不到位，监管不力，导致一些违法行为得不到有效的惩处。这不仅让违法者有机可乘，也给其他群众带来了不良的示范作用。加强田野文物保护需要政府、群众和社会各界的共同努力。

3. 技术手段落后

田野文物保护是一项极其重要的工作，不仅涉及历史文化遗产的保护，也涉及文化传承和发扬的重要性。然而，目前在一些地方，由于技术手段和设备相对落后，文物保护工作面临着极大的挑战。其中，监测技术的落后是一个重要的问题。一些文物的状态监测方法不够精确，无法及时发现文物出现的细微变化，这就给文物的保护带来了很大的困难。另外，修复技术的不足也是当前文物保护工作面临的一个难题。一些文物由于年代久远，需要运用先进的修复技术来恢复其原貌，而一些地方的修复技术还不够完善，无法达到预期的修复效果。除此之外，预防措施的不足也是一个需要解决的问题。一些地方对于文物的保护还停留在被动的情况下，只有当文物出现损坏之后才会采取措施进行修复，而没有采取有效的预防措施来避免文物的损坏。因此，需要加强田野文物保护工作的技术支持和设备更新。具体来说，可以引进更先进的状态监测技术，提高文物的监测精度和及时性；同时，相关人员也可以加强修复技术的培训和引进，提高修复工作的效果；此外，相关人员还应该采取更加积极的预防措施，尽量避免文物的损坏。只有这样，才能够更好地保护我国的文化遗产，让后人能够更好地了解和欣赏我国的文化传承。

4. 资金投入不足

田野文物保护是一项非常重要的任务，它需要大量的资金投入。然而，目前资金来源非常单一，主要依靠政府的投入。然而，政府的财政状况往往比较紧张，因此难以保证文物保护的资金需求得到满足。为了解决这个问题，相关单位需要寻找更多的资金来源，包括企业、社会组织和个人的捐助，以及通过市场化运作等方式筹集资金。只有这样，人们才能够为田野文物保护提供足够的资金支持，确保这项重要的任务能够得以顺利完成。

（二）采取策略

1. 完善法律法规

为了加强对田野文物的保护，必须加强法律法规的制定和执行力度。这意味着政府应该积极推动相关法律法规的制定和修订，确保它们能够全面覆盖田野文物保护的各个方面。另外，相关部门需要加强对田野文物保护工作的监督和管理。这可以通过建立完善的监管机制、加强执法力度、提高监管效率等方式实现。通过这样的监督和管理，相关部门可以及时发现并纠正破坏文物的行为，确保田野文物保护工作的有效性和持续性。同时，法律法规的条文应该明确、具体，避免模糊不清的情况，这样才能够真正起到规范和约束的作用。在制定法律法规的过程中，必须充分考虑田野文物保护的实际情况，明确界定田野文物的保护范围、保护措施、责任主体等关键问题。这包括对田野文物的认定、登记、保管、修复等环节，以及在出现文物被盗、破坏等情况时的责任追究和处罚措施。除了制定法律法规，政府还需要加大执法力度，确保法律法规得到有效执行。执法部门应该加强对田野文物的监管和巡查，严厉打击文物盗掘、非法交易等违法行为。加强法律法规的制定和执行力度是保护田野文物的关键。只有通过完善法律法规体系、加大执法力度、加强宣传教育、加强培训和管理等措施的综合施策，才能够为执法和监督提供有力的法律保障，切实保护好文化遗产。

2. 提高保护意识

为了加强宣传教育，可以采取各种措施，如制作宣传海报、举办展览、开展讲座、编写宣传册等，以便提高地方政府和群众对田野文物保护的认识和责任心。此外，田野文物保护工作还需要广泛的社会参与和宣传。可以通过举办文物展览、历史文化讲座、媒体宣传等方式，提高公众对文物价值的认识和保护意识。同时，还应注重增强保护意识，营造良好的社会氛围，让更多的人参与到田野文物保护事业中来。这些措施的实施，可以有效地提高田野文物保护工作的效果，为文化遗产保护事业做出更大的贡献。可以组织一场别开生面的志愿者活动，邀请当地居民和游客共同参与，让他们深入田野，亲身体验和了解田野文物的价值和重要性。通过与专业人士的互动和学习，参与者可以感受到田野文物所承载的历史和文化底蕴，认识到保护文物的重要性，并且积极参与到文物保护的行动中来。这样的活动不仅可以增强公众对文物保护的意识，还可以促进社区的凝聚力和文化交流，让更多的人了解和热爱自己的文化遗产。此外，还可以通过社交媒体、网络平台等渠道，向更广泛的人群宣传田野文物保护的重要性和意义。

3. 加强技术支持

加强技术研发和引进是推动田野文物保护工作的重要措施之一。不断研发和引进新技术，能够提高田野文物保护的技术手段和设备水平，使保护工作更加科学、有效。这些技术手段和设备的应用，可以更好地监测和评估田野文物的保存状况，及时发现和解决文物面临的各种威胁和问题，从而更好地保护这些珍贵的文化遗产。同时，技术手段的提升也能提高田野文物保护工作的效率和质量，为文保工作人员提供更好的工作条件和更广阔的发展空间。在技术研发和引进方面，可以积极探索新的科技手段和设备，如无人机、智能传感器、人工智能等。这些新技术能够大大提高田野文物保护工作的效率和精度，减少人为因素的干扰和失误，使保护工作更加精准、科学。同时，加强技术研发和引进还可以为田野文物保护工作提供更多的支持。例如，通过建立数字化档案和信息管理系统，能够更好地记录和整理田野文物的信息，方便管理和查询，提高保护工作的效率和质量。此外，新技术还可以为田野文物保护工作提供更多的数据分析和管理工具，帮助文保工作人员更好地掌握文物的保存状况和变化趋势，及时采取有效的保护措施。加强技术研发和引进是田野文物保护工作的重要方向之一。只有不断提高技术手段和设备水平，才能更好地保护这些珍贵的文化遗产，为后人留下更多的历史记忆和文化财富。

4. 多元化资金投入

通过政府引导、社会参与、市场运作等方式，拓宽资金来源，吸引社会各界力量参与田野文物保护工作。政府可以出台相关政策，对参与田野文物保护的社会各界力量给予一定的支持和鼓励。例如，对捐赠资金、提供技术支持的企业或个人给予一定的税收减免或荣誉表彰，对参与保护工作的志愿者提供一定的培训和奖励等。同时，政府还可以通过公开招标等方式，引入有实力的企业和机构，参与田野文物保护项目的建设和运营。

同时，鼓励企业、社会组织和志愿者参与田野文物保护工作，为保护工作提供资金、技术和人力支持。在市场运作方面，可以借鉴商业领域的成功经验，引入市场竞争机制，提高田野文物保护工作的效率和效益。例如，通过开发文创产品、旅游线路等，将文物保护与文化旅游相结合，实现经济效益和社会效益的双赢。同时，可以利用现代科技手段，如互联网、物联网等，建立田野文物保护信息平台，实现信息共享和资源整合，提高保护工作的整体水平。

通过以上措施的引导和推动，政府可以拓宽田野文物保护的资金来源，吸引更多的社会力量参与保护工作。同时，加强政府、企业和民间的合作与交流，形成合力，共同推动我国田野文物保护事业的发展。

5. 加强合作与协调

为了加强政府各部门之间的合作与协调，形成工作合力，共同推进田野文物保护工作，需要采取一系列有效的措施。首先，政府各部门之间应该建立良好的沟通机制，以便及时交流和协调彼此的工作计划和进展。其次，政府各部门之间应该加强信息共享，以便更好地了解田野文物保护工作的现状和问题，从而采取更加有效的措施。此外，政府各部门之间还应该加强协作，共同制定田野文物保护工作的长远规划，并确保各项措施得到有效执行。通过这些措施的实施，政府各部门可以形成强大的工作合力，共同推进田野文物保护工作，保护文化遗产。

6. 建立奖惩机制

建立健全的奖惩机制，对于在田野文物保护工作中做出杰出贡献的单位和个人，应当给予丰厚的奖励和崇高的表彰。这些奖励可以包括荣誉证书、奖金、荣誉称号等，以表彰他们的卓越贡献和不懈努力。通过这样的表彰机制，可以激发更多单位和个人的积极性，共同参与到田野文物保护工作中来。同时，对于那些破坏文物的行为，必须采取严厉的惩处措施。这些措施可以包括罚款、监禁、社会服务等，以惩罚他们的不法行为，并防止类似事件再次发生。只有通过这样的严厉惩处，才能维护田野文物的尊严和价值，确保历史文化遗产得到充分的保护和传承。建立健全的奖惩机制、加强宣传教育和监督管理工作是保护田野文物的关键措施。只有通过这样的综合措施，才能有效地保护历史文化遗产，为后代留下宝贵的文化遗产。

7. 加强国际合作

为了加强田野文物的保护，政府积极与国际组织和其他国家开展合作，引进先进的保护理念和技术，共享资源信息，并努力提高田野文物保护的国际影响力。通过这些合作，政府得以借鉴国际上成功的保护案例和经验，避免走弯路，并且能够更有效地利用有限的资源。合作伙伴来自不同国家和地区，他们拥有各自独特的文化和传统，以及在田野文物保护方面的专长和经验。在与他们的合作中，不仅获得了宝贵的资源支持和技术指导，还得以拓宽视野，了解和尊重不同的文化和价值观。先进的保护理念和技术是至关重要的。通过引进这些理念和技术，政府能够更好地应对田野文物面临的威胁和挑战，并制定更加科学和有效的保护方案。这些技术和方法可能包括新型的材料应用、创新的科技手段，或者先进的考古研究方法等。共享资源信息是合作的关键之一。相关单位与合作伙伴建立了信息共享平台，以便及时交流和分享田野文物保护方面的信息、知识和经验。通过这种方式，相关单位能够更好地协调行动，避免重复工作，并能够在必要时向其他合作伙伴寻求支持和帮助。提高田野文物保护的国际影响力是人类的共同目标。通过国际合作和信息共享，人们可以更好地保护全世界的田野文物，并将这些宝贵的文化遗产传承给后代。这些合作能够促进不同国家和地区之间的文化交流和理解，增进国际友谊和相互尊重。

田野文物保护的政策实施需要多方面的努力和支持，需要政府、社会各界共同努力，形成全社会共同参与的良好局面，这样才能保护好宝贵的文物资源。

四、政策实施的效果评估

田野文物政策实施效果是指政府在保护和利用田野文物方面所采取的一系列政策和措施的实际影响和效果。

（一）保护意识的提高

政府通过广泛的宣传和教育活动，有效提高了公众对田野文物的保护意识和重视程度。这些活动不仅传播了有关田野文物的丰富知识，还强调了其不可替代的历史、文化和艺术价值，以及保护田野文物对于国家文化遗产保护事业的重要性。宣传和教育活动的开展，不仅让人们更加了解和尊重田野文物，还激发了他们积极参与保护工作的热情。

（二）保护法规的完善

为了加强对田野文物的保护，政府制定并实施了更加细致完善的法规。这些法规明确了田野文物的保护范围、各方的责任主体以及具体的保护措施，为田野文物的安全提供了坚实的法律保障。这些法规的推行可以有效地遏制对田野文物的破坏和盗掘行为，进一步保障田野文物的安全。同时，法规的完善也加强了公众对田野文物保护的认识和意识，使更多人参与到田野文物保护工作中来，共同守护我文化遗产。

（三）保护资金的投入

政府高度重视田野文物保护，不仅加大了资金投入，还提供了各种必要的经费和设施，以支持田野文物的修复、研究和宣传等工作。这些举措为田野文物的保护提供了强有力的保障，确保了它们能够得到充分的修复和传承。政府对田野文物保护的投入不仅是一种必要的支持，更是一种责任和义务。田野文物作为国家重要的文化遗产，代表着中华民族的历史和文化传承。政府加大对田野文物保护的投入，有助于提高公众对田野文物的认识和保护意识，增强民族自豪感和凝聚力。

政府加大对田野文物保护的投入，不仅体现了对文化遗产保护的重视和支持，也为田野文物的保存和传承提供了坚实的保障。这对于弘扬中华民族优秀传统文化、促进社会文明进步具有重要意义。

（四）社区参与的加强

政府积极鼓励并大力支持社区参与田野文物保护工作。通过这种方式，政府加强了与当地居民的紧密合作和有效沟通。这种社区参与的模式，不仅增强了当地居民对文物保护工作的责任感，还让他们更加了解和关注文物保护工作的重要性。因此，政府与社区的紧密合作，为田野文物保护工作注入了新的活力，提高了公众对文物保护的认识和参与度。此外，政府还通过各种渠道和手段，如政策扶持、资金投入、技术支持等，为社区参与文物保护提供了强有力的支持。这些举措不仅有助于提高田野文物保护的可持续性和长远效果，还为传承和弘扬中华优秀传统文化做出了积极的贡献。在政府的大力推动下，社区参与的田野文物保护模式正在全国范围内得到广泛的推广和应用。这种模式不仅让更多的人参与到文物保护工作中来，还促进了社会各界的团结协作，共同为保护中华民族的文化遗产贡献力量。

（五）旅游业的发展

政府积极地将田野文物与当地旅游业相结合，这一举措不仅推动了旅游业的发展，使其更具吸引力，同时也为田野文物保护提供了更多的资金和支持。这种结合不仅有助于实现田野文物保护和经济发展的双赢，更有助于传承和弘扬文化遗产，增强当地社区的自豪感和凝聚力。通过政府的积极推动，田野文物与旅游业的结合展现了出色的成果。许多古老的遗址和历史遗迹成为旅游胜地，吸引着成千上万的游客前来参观。这不仅提高了当地的经济收入，也为当地居民提供了就业机会，使他们在保护文物的同时也能享受到经济发展的成果。政府将田野文物与当地旅游业相结合的做法，不仅推动了旅游业的发展，为田野文物保护提供了更多的资金和支持，也有助于实现田野文物保护和经济发展的双赢。这种做法值得进一步推广和深化，以实现文化遗产的传承和弘扬，促进当地经济的发展和社区的繁荣。

（六）国际合作的加强

政府已经加强了与国际组织的合作，通过引入先进的理念和技术，使得田野文物保护的水平和效率得到了显著提高。这种合作不仅有助于促进田野文物的保护工作，同时也推动了田野文物保护工作的国际化发展。

政府在与国际组织的合作下，引入了诸如数字化保护、预防性保护、可持续保护等先进的理念和技术，使得田野文物的保护工作更加科学、系统和高效。这些技术的应用，使得田野文物的保存和保护更加完善，为后续的研究和展示提供了更为准确和完整的信息。此外，政府与国际组织的合作还促进了田野文物保护工作的国际化发展。引入国际上先进的保护理念和技术，以及与国际组织的交流和合作，使得我国的田野文物保护工作更加符合国际标准，也更加能够与国际接轨。这样的合作也有助于提高我国在文物保护领域的国际地位和影响力。

田野文物政策的实施效果体现在保护意识的提高、保护法规的完善、保护资金的投入、社区参与的加强、旅游业的发展以及国际合作的加强等方面。这些措施有助于确保田野文物的保存和传承，同时也促进了社会和经济的发展。

第三节　田野文物保护的国际合作

一、国际文物保护条约与协定的内容及作用

（一）内容

国际文物保护条约与协定是国际社会在文物保护领域进行合作与协调的关键工具，它们的作用不可忽视。这些条约与协定旨在保护世界各地的文化遗产，确保这些珍贵的文化遗产得到充分的尊重和保护。同时，这些条约与协定也强调了国际合作的重要性，通过加强各国之间的合作与协调，共同应对文物盗窃、贩运和破坏等跨国犯罪。这些国际文物保护条约与协定的制定是基于对文化多样性和人类共同遗产的尊重。它们不仅明确了各国在文物保护方面的责任和义务，还为各国之间开展合作提供了法律框架和行动指南。这些条约与协定的实施，可以促进各国之间的文化交流，增进相互理解和尊重。此外，国际文物保护条约与协定对于打击文物犯罪也具有重要意义。文物盗窃、贩运和破坏等行为是对人类文化遗产的严重威胁，这些犯罪活动不仅造成了文物的流失和破坏，也给国家和地区的文化传承带来了不可估量的损失。国际文物保护条约与协定的实施，可以加强各国在打击文物犯罪方面的合作，共同维护人类文化遗产的安全和尊严。国际文物保护条约与协定是国际社会在文物保护领域进行合作与协调的重要工具，它们旨在保护世界各地的文化遗产，加强国际合作，促进文化交流，以及共同应对文物盗窃、贩运和破坏等跨国犯罪。这些条约与协定的实施对于维护人类文化遗产的安全

和尊严具有重要意义。

1.《保护世界文化和自然遗产公约》

该公约于 1972 年获得通过，其主旨是保护世界各地的珍贵文化和自然遗产，包括具有历史、艺术、科学和人文价值的文化遗产，以及独特的自然景观和生物多样性。公约的缔约国需要制定详细且全面的保护计划，并采取切实有效的措施，以防止文化遗产和自然遗产遭到盗窃、贩运和破坏等危害。此外，该公约还强调了国际合作在保护世界文化和自然遗产方面的重要性，鼓励各国之间相互学习和分享经验，共同为遗产保护事业做出贡献。公约的签署和实施，对世界文化和自然遗产的保护产生了深远的影响。它不仅提高了人们对遗产保护的重视，还促进了国际社会在遗产保护领域的合作与交流。通过缔约国之间的合作，许多珍贵文化和自然遗产得到了有效保护，避免了遭受盗窃、破坏等危害。同时，公约也为后人留下了宝贵的文化遗产和自然景观，为世界文化和自然遗产的保护事业树立了典范。中国是《保护世界文化和自然遗产公约》的积极签署国之一，也是该公约的重要参与者和贡献者。中国拥有丰富的文化和自然遗产资源，包括长城、故宫、兵马俑、黄山等众多知名景点和历史遗迹。中国政府一直高度重视文化和自然遗产的保护工作，积极推进相关法律法规的制定和实施，加强与国际社会的合作与交流，为世界文化和自然遗产的保护事业做出了重要贡献。

2.《关于禁止和防止非法进出口文化财产和非法转让其所有权的方法的公约》

这份公约是联合国教科文组织于 1970 年通过的一份具有重大历史意义和文化价值的文件。该公约的目的是保护全人类的文化遗产，防止文化财产的非法进出口和所有权转让。它呼吁各国加强合作，采取切实有效的措施，防止盗窃、贩运和破坏文化财产的行为，确保这些宝贵的文化遗产得到妥善保护和传承。该公约的实施有助于维护文化的多样性和世界的和平与稳定。该公约还强调了各国在文化财产方面的主权和责任，要求各国加强对文化财产的保护和管理，防止其流失和破坏。建议还提到了国际合作的重要性，呼吁各国加强信息共享、执法合作和文化财产保护等方面的合作，共同打击文化财产犯罪。为了有效实施该建议，联合国教科文组织还制定了一系列具体的行动计划和项目，包括建立文化财产国际数据库、推动文化财产的登记和认证、加强文化财产保护的立法和执法等。这些行动计划和项目的实施，为保护和传承人类的文化遗产做出了积极的贡献。《关于禁止和防止非法进出口文化财产和非法转让其所有权的方法的公约》不仅具有重要的历史和文化价值，也是当前世界各国保护和传承文化遗产的重要参考和指导文件。

3.《国际古迹保护与修复宪章》

该宪章于 1964 年通过，旨在保护具有历史、艺术、科学或技术价值的古迹文物，不仅包括单个建筑物，而且包括能从中找出一种独特的文明、一种有意义的发展或一个历史事件见证的城市或乡村环境。这一重要的国际协议旨在确保世界各地的珍贵古迹文物得到充分的尊重和保护。该宪章明确要求缔约国采取积极措施，确保古迹文物的安全和完整性，防止盗窃、破坏和非法交易等行为。

为了实现这一目标，该宪章提倡加强国际合作，促进信息共享和经验交流，共同应对古迹文物面临的威胁。缔约国需要制定和实施有效的文物保护政策，加强文物的登记、保存和修复工作，确保文物的历史、艺术、科学或技术价值得到完整的传承和发扬。此外，该宪章还强调了技术援助和培训的重要性。通过提供资金、技术和人力资源支持，帮助发展中国家和经济欠发达国家加强文物保护能力建设，提高专业水平和技能。这有助于缩小各国在文物保护领域的发展差距，推动全球文物事业的均衡发展。《国际古迹保护与修复宪章》是保护具有历史、艺术、科学或技术价值的古迹文物的基石，它呼吁各国共同努力，加强国际合作，为全人类的宝贵文化遗产提供全面、有效的保护。

4.《国际博物馆协会职业道德准则》

该准则于 1986 年首次获得通过，是博物馆行业中的一项重要规范。它旨在确保博物馆在职业道德和行为规范方面达到一定的标准，以维护文物的价值和保护文化遗产。该准则要求博物馆必须严格遵守文物保护法律法规，确保文物的安全和保护。博物馆需要采取必要的措施，防止文物被盗窃、破坏或流失，同时还要制定应急预案，以应对可能出现的紧急情况。

在提高文物修缮与保护水平方面，准则要求博物馆不仅要进行文物的修复和保护工作，还要积极开展科学研究，提高修复和保护技术的水平。博物馆应该与专业的文物保护机构合作，共同推进文物修复和保护工作的进展。此外，准则还强调了促进文物展示和教育活动的重要性。博物馆应该为公众提供优质的展览和教育活动，让更多的人了解和欣赏文化遗产的价值。博物馆应该积极开展社会教育活动，提高公众对文物的认识和保护意识。《国际博物馆协会职业道德准则》旨在规范博物馆的职业道德和行为规范，确保文物的安全和保护，提高修复和保护技术的水平，促进公众对文物的认识和保护意识。

（二）作用

这些国际文物保护条约与协定的作用是促进各国之间的合作与协调，共同应对跨国文化遗产犯罪和保护世界各地的文化遗产。此外，这些条约与协定还可以促进文化交流和知识共享，提高公众对文物保护的认识和意识。这些条约和协定不仅具有法律效力，而且也得到了广大国家的认可和加入，它们对于保护全人类的文化遗产，维护文化的多样性和推动文化交流起到了重要的作用。

首先，这些条约和协定明确规定了各国在文物保护方面的责任和义务。它们要求各国制定和实施相应的法律法规，建立有效的文物保护机构，提高文物保护的技术水平，同时还要加强国际合作，共同打击文物盗窃、贩运和破坏等跨国犯罪。这些规定不仅为各国提供了文物保护的法律依据，而且也促进了各国在文物保护领域的交流与合作。这些条约和协定在文物保护方面具有不可替代的重要作用，它们不仅仅是简单的文字表述，更是各国对文物保护的庄重承诺和责任担当。这些规定不仅要求各国制定和实施严格的法律法规，而且还要求各国建立高效的文物保护机构，以便在文物保护方面进行全面、系统的管理。同时，这些条约和协定还要求各国提高文物保护的技术水平，借助现代科技手段来更好地保护文物。

其次，这些条约和协定还强调了国际合作的重要性。文物盗窃、贩运和破坏等跨国犯罪活动日益猖獗，单靠一个国家的力量很难有效打击。因此，各国需要加强国际合作，共同应对这一挑战，通过信息共享、联合行动、跨国调查等方式，共同打击文物犯罪，保护人类宝贵的文化遗产。

再次，这些庄严的条约和协定对于维护全球文化的多样性起到了不可或缺的积极作用。它们不仅赋予了各国保护和传承本国独特文化遗产的义务，更为重要的是，它们倡导尊重文化的多样性和差异性，反对任何形式的霸权主义和单一文化主义。这些条约和协定不仅在法律上为各国提供了框架，还为全球的文化交流与合作提供了平台。通过这些条约和协定，各国可以相互学习、交流，共同探索适合本国国情的文物保护政策和措施。这种合作不仅促进了世界各地的文化遗产得到更好的保护和传承，也加强了各国之间的友谊与合作，使世界文化更加和谐、繁荣。此外，这些条约和协定还鼓励各国在保护文化遗产的同时，注重其合理利用和开发。这不仅使得文化遗产在保护的同时，也能为推动经济发展和社会进步做出贡献。因此，这些条约和协定的制定和实施对于推动全球文化多样性的繁荣和发展具有深远的意义。

最后，这些重要的条约和协定不仅在法律和政治层面发挥着重要的作用，而且在推动文化交流和知识共享方面也具有不可忽视的影响力。它们不仅鼓励各国开展文化交流活动，分享文物保护的经验和技术，还加强了国际合作，共同应对全球性的文化挑战。通过这些条约和协定，各国可以更好地了解彼此的文化传统和价值观，从而促进不同文化之间的相互理解和融合。这些条约和协定的存在，为世界各地文化的多样性和丰富性提供了有力的保障和支持。

国际文物保护条约与协定是保护世界各地文化遗产、促进文化多样性和推动文化交流的重要工具。在未来的日子里，人们期待更多的国家加入这些条约和协定，共同为全人类的文化遗产保护和文化发展作出更大的贡献。

二、国际合作在田野文物保护中的应用案例

（一）跨国界合作考古研究

跨国界合作考古研究是一种跨越国界、文化背景和学术传统的多边合作，旨在共同解决全球历史和文化问题。这种合作方式不仅促进了各国之间的文化交流和友谊，也为学术界带来了许多实际成果。跨国界合作考古研究具有多种形式。一种常见的方式是联合考古项目，由来自不同国家的学者和专家共同参与。这些项目通常涉及共同的资金、技术和人力资源，以及共享的数据和研究成果。此外，跨国界合作考古研究还经常涉及国际学术合作网络的建设，这些网络为学者和专家提供了交流和分享经验的平台。

跨国界合作考古研究的优点很多。首先，它能够汇集来自不同国家和文化背景的专家和学者，他们可以共同分享知识、技能和经验，从而提高了研究的水平和质量。其次，跨国合作可以促进国际间的学术交流和合作，增强各国之间的友谊和理解。此外，通过共享资源和数据，可以减少学术研究的成本和重复劳动，提高研究的效率和可持续性。

在实践中，跨国界合作考古研究也取得了许多成果。跨国界合作考古研究是一种有益的国际学术合作形式。它不仅可以提高研究水平和质量，促进国际学术交流和合作，还可以增强各国之间的友谊和理解。未来，随着全球化的不断深入和学术交流的不断发展，跨国界合作考古研究将会更加广泛和深入地开展。

在全球化日益普及的今天，跨国界的合作变得越来越重要。这种合作不仅限于经济和政治领域，也延伸到了科学和文化领域。在文物考古领域，跨国界的合作也取得了许多令人瞩目的成果。

案例一:

以中意联合考古发现丝绸之路上的神秘古堡为例,探讨跨国界合作田野文物考古研究的成功经验。

这个神秘的古堡是古代丝绸之路上的一颗璀璨明珠。为了解开这个古堡的神秘面纱,中意两国考古学家组成了一支联合考古队,进行了为期五年的合作研究。在研究过程中,中意的考古学家们采用了当代最尖端的科技手段,对那座古堡及其周边的广大地区进行了详尽的调查、勘探和发掘工作。在他们的努力下,大量珍贵的文物和历史遗迹得以重见天日。这些考古发现不仅数量惊人,而且种类繁多,包括陶器、青铜器、金器、玉器等各式文物,充分展现了古堡居民的丰富生活和当时的社会风貌。

通过深入的调查和发掘,中意的考古学家们还对古堡的建筑风格、功能和历史背景有了更为全面和深入的了解。他们发现这座古堡是一种典型的欧洲中世纪建筑风格,具有厚重的石墙、高耸的塔楼和精致的雕刻装饰。古堡的主要功能是作为防御工事,保护着周边的居民和领地。同时,他们也从一些历史文献和家族传说中了解到,这座古堡还曾作为地方行政中心和司法审判场所,具有重要的政治和社会意义。此外,考古学家们还对古堡周边地区进行了详细的勘探,发现了许多古代墓葬、祭祀遗址和农田水利设施等。这些发现进一步证实了古堡在当时的重要地位和作用,为人们了解这一地区的历史和文化提供了宝贵的资料。中意的考古学家们通过运用最先进的科技手段,对古堡及其周边地区进行了全面的调查、勘探和发掘。他们的发现不仅丰富了人们对古代文明的认识,还为深入了解这一地区的历史和文化提供了重要的学术价值和社会意义。研究发现,这个古堡是古代丝绸之路上的一座重要贸易中心,也是东西方文化交流的重要枢纽。在这里,各种不同的文化元素相互交融,形成了一种独特的文化现象。通过研究这个古堡,中意考古学家们不仅增进了对古代丝绸之路贸易和东西方文化交流的了解,也为世界文化遗产的保护和传承做出了贡献。

案例二：

2023 年 9 月 27 日，一支中非联合考古队成功地抵达了位于非洲的博高利亚湖遗址（Lake Bogoria Site），开始了该年度的考古调查工作。这次考古行动是中非联合考古计划中的一部分，旨在促进中非之间的文化交流，加深中非人民之间的友谊。

这支考古队由来自中国和非洲的专家组成，他们在遗址现场展开了细致的调查和研究。通过挖掘、勘探和记录等工作，他们希望能够揭示更多关于这个古老文明的信息，并借助这些信息来更好地理解人类历史和文明的发展。在考古过程中，他们在一系列考古挖掘中，幸运地发现了一大批珍贵的文物和遗迹。这些文物和遗迹包括漂亮的陶器、精巧的石器，以及引人注目的建筑遗迹等。这些珍贵的发现不仅有助于人们深入研究中非古代文明的演变和特点，也为人们提供了探究中非文化交流和友谊源远流长的线索。这些丰富的历史遗迹，不仅揭示了中非文明深厚的文化底蕴，同时也展示了中非人民间紧密的友好情谊。这一重大发现无疑为中非文化交流和友谊的加强提供了强有力的契机，进一步深化了中非间的历史文化联系。此次考古行动的成功不仅仅是个人的功劳，更是团队合作的结果。在这个过程中，合作伙伴们提供了至关重要的支持和协助。他们慷慨地提供了资金，帮助考古队购买必要的设备和物资，确保相关工作能够顺利开展。此外，他们还提供了技术方面的指导，帮助我国考古人员更好地分析和解读考古资料。同时，他们还给予了人力上的支持，协助相关人员进行现场发掘和清理工作。这些合作伙伴的鼎力相助，使得我国的考古行动能够更加高效、精准地完成。

这些合作伙伴的参与和支持不仅仅是对相关人员的帮助，更是对中非之间合作共赢的最好证明。通过这次考古行动，相关人员与当地政府、学术机构和社区建立了紧密的合作关系，实现了资源共享和优势互补。这种合作模式不仅有利于相关人员的考古工作，也为当地的经济和社会发展带来了积极的贡献。因此，这次考古行动的成功不仅仅属于考古人员，也属于所有参与其中的合作伙伴。这次中非联合考古行动不仅是一次重要的文化交流活动，也是一次增进中非人民友谊的契机。通过这次行动，人们不仅可以更深入地了解中非文化历史，也可以促进中非人民之间的相互理解和友谊。

案例三：

在埃及的阿比杜斯古城的遗址中，来自法国和埃及的考古学家们携手合作，使用激光雷达技术发现了大量古代建筑和装饰品。这项合作不仅揭示了阿比杜斯古城的历史和重要性，也展示了跨国界合作在文物考古领域中的优势。在这次考古发掘中，来自法国和埃及的考古学家们携手合作，采用了最先进的激光雷达技术，这种技术可以透过建筑物废墟，探测到隐藏在其下的古代建筑和装饰品。经过无数次的扫描和比对，他们终于发现了大量古代建筑和装饰品。这些发现让人们对阿比杜斯古城的历史和重要性有了更深入的认识。这些古代建筑和装饰品不仅展示了古埃及人的智慧和艺术天赋，也揭示了阿比杜斯古城在古代的重要性。这些发现让人们对古埃及文明有了更深入的了解，也为跨国界合作在文物考古领域中的优势提供了有力的证明。这次考古发掘不仅是一次重要的发现，也是一次跨越国界的合作。这种合作不仅有助于推动文物考古领域的发展，也有助于加强不同国家之间的文化交流和友谊。未来，将有更多的跨国界合作在文物考古领域中的成功案例，让人类的文化遗产得到更好的保护和传承。

案例四：

在中国四川省广汉市的三星堆遗址，来自中国和美国的考古学家们共同发掘出了大量的珍贵文物。这些文物包括各种形状和尺寸的铜器、金器、玉器等。这些文物的发现，不仅进一步丰富了人们对三星堆文化的认识，也为人们提供了更多关于这个古老文明的信息。

这次合作发掘的过程中，中美两国考古学家们互相协作，共同克服了许多困难和挑战。他们的辛勤工作和专业知识，使得这项成果成为一次具有重大意义的考古发现。

这次发掘出的文物数量之多、质量之高，证明了三星堆遗址的历史和文化价值。这也进一步证实了跨国界合作在解决复杂的考古问题方面的能力。

通过这次国际合作，双方可以更好地共享资源、知识和经验，为解决全球性的问题做出更大的贡献。此外，这次发掘也为中美的文化交流和友谊搭建了桥梁。通过共同的研究和合作，两国人民之间的相互理解和友谊得到了加深。这种跨文化交流对于促进世界和平与发展具有重要意义。

这些跨国界合作考古案例不仅促进了国际文化交流和合作，也为人们更好地了解和保护世界各地的文化遗产提供了重要的支持和帮助。

（二）共享数据库和信息平台的建设

在国际合作的背景下，田野文物保护的共享数据库和信息平台建设展现出一幅全新的画卷。通过跨国界、跨文化的合作，人们可以共同推进这一领域的发展，为全球文化遗产的保护和传承做出贡献。

首先，国际合作在田野文物保护共享数据库和信息平台的建设中发挥了至关重要的作用。各国丰富的文化遗产和独特的保护方法为这个平台提供了无尽的资源。通过集结这些资源，可以建立一个全面、多元化的数据库，涵盖全球各地的田野文物保护案例、方法、成果和挑战。这个数据库不仅对学术研究有重要价值，也为公众提供了更多了解和参与田野文物保护的机会。

其次，这个共享数据库和信息平台通过现代科技手段，实现了信息的实时更新与共享。各国的合作伙伴可以通过网络随时访问和更新平台上的信息，使得数据的交流和共享更加便捷高效。

最后，这个平台为各国合作伙伴提供了在线交流与合作的场所。通过这个平台，合作伙伴可以开展远程会议、在线研讨等活动，共同探讨田野文物保护的最新理论和实践。这种合作模式打破了地理限制，使国际间的交流与合作更加紧密。

共享数据库和信息平台的建设在田野文物保护领域掀起了一场创新的风潮。这些平台作为各国合作伙伴的交流桥梁，使得他们可以随时分享各自的成功案例和经验，为其他地区提供了宝贵的借鉴与启示。这些案例和经验不仅具有启发性，还具有指导性，为其他地区的田野文物保护提供了有力的

参考。

通过集思广益，各国合作伙伴可以共同探索新的保护方法和策略，推动田野文物保护的进步。这个过程不仅需要深入了解每个地区的独特情况，还需要灵活应对各种挑战和问题。共享数据库和信息平台的建设为此提供了一个有效的解决方案，让各地的合作伙伴能够及时获取最新的信息和技术，从而更好地推动田野文物保护事业的发展。共享数据库和信息平台的建设以及人工智能的应用，为田野文物保护的创新提供了强大的支持。。

国际合作在田野文物保护共享数据库和信息平台的建设中起到了关键作用。在技术层面，这个平台应具备良好的稳定性和可扩展性。采用先进的信息技术架构和成熟的数据管理方案，确保平台的稳定运行和数据的完整性。同时，平台应具备可扩展性，能够随着用户需求的变化和技术的发展进行扩展和升级。

国际合作在田野文物保护共享数据库和信息平台的建设中发挥着重要作用。建立这个平台，可以实现信息共享、交流与合作，提高田野文物保护的效率和质量，推动全球文化遗产的保护和传承。同时，人们还需要确保平台的可用性、安全性和隐私性，为用户提供优质的服务和保障。

（三）跨国界文化遗产保护计划的实施

1. 文化遗产保护的全球趋势

随着全球化的不断推进，文化遗产保护的全球趋势日益明显。这一趋势的形成，既源于全球范围内对文化遗产价值的认识和重视，也源于各国政府在政策制定和执行方面的努力。

首先，全球化的推动使得各个国家之间的交流和互动越来越频繁，这也带来了文化交流的增多。在这种背景下，文化遗产的保护和传承不再是一个国家或一个地区的事情，而是全球范围内的重要议题。各国之间的文化差异和特点，以及对于文化遗产的重视和保护方式，都在互相学习和借鉴中得到了丰富和发展。

其次，全球范围内对于文化遗产价值的认识和重视也在不断提高。人们逐渐认识到，文化遗产不仅是一个国家或一个民族的宝贵财富，更是全人类文明的瑰宝。这些文化遗产不仅具有历史价值，还具有艺术价值、文化价值、科学价值等多重价值。正是因为这些价值的重要性，各国政府和国际组织才不断加强对于文化遗产的保护和传承。

最后，各国政府在政策制定和执行方面的努力也是推动文化遗产保护全球趋势的重要因素。各国政府在制定保护政策时，不仅考虑到了本国文化的特点和需求，还积极借鉴了国际上的成功经验和做法。同时，各国政府还加强了国际合作，共同打击文物盗窃、走私等犯罪活动，为文化遗产的保护和传承提供了有力的保障。

全球化、对文化价值的重视以及政策的制定和执行等因素共同推动了文化遗产保护的全球趋势。未来，这一趋势还将继续加强和深化，为全人类的文化遗产保护和传承事业做出更大的贡献。

2. 跨国界文化遗产保护的特殊意义

随着全球化的加速和世界各地文化交流的加强，跨国界文化遗产保护显得愈加重要。这些文化遗产不仅仅是人类历史的见证，更是全人类共同的财富。然而，由于政治、经济、环境等多种因素的影响，许多文化遗产面临着消失的危险。因此，跨国界文化遗产保护成为一个全球性的问题，需要各国共同参与和努力。

首先，跨国界文化遗产保护有助于维护世界文化的多样性。这些文化遗产涵盖了各个民族、各个国家、各个历史时期的文化特色，是世界文化多样性的生动体现。保护这些文化遗产，就是保护不同文化的传承和发展，使世界文化更加丰富多彩。

其次，跨国界文化遗产保护有助于促进世界和平与稳定。通过加强文化交流和遗产保护，可以增进各国人民之间的相互理解和友谊，减少误解和冲突。同时，对于那些曾经经历过战争和冲突的国家来说，保护跨国界文化遗产更是一种和解和治愈的过程，有助于促进世界的和平与稳定。

再次，跨国界文化遗产保护还有助于推动世界经济的可持续发展。旅游业是当今世界的一大产业，而文化遗产则是吸引游客的重要资源。保护好这些文化遗产，不仅可以增加旅游业的收入，还可以带动相关产业的发展，如餐饮、住宿、交通等，从而促进经济的可持续发展。

最后，跨国界文化遗产保护有助于提高人们对人类历史和文化的认识。通过学习和了解不同国家和民族的文化遗产，可以更好地认识人类历史和文化的多样性，从而更好地理解彼此的文化差异和价值观。这对于促进世界各地的文化交流和融合具有重要意义。

跨国界文化遗产保护具有重大的特殊意义。它不仅有助于维护世界文化的多样性、促进世界和平与稳定、推动经济的可持续发展，还有助于提高人们对人类历史和文化的认识。因此，应该加强跨国界文化遗产的保护工作，共同守护这些珍贵的文化遗产，让它们在世界各地绽放出更加绚丽的光彩。

3. 保护策略与措施

（1）建立跨国合作机制

加强与相关国家的合作，共同制定跨国界文化遗产保护的政策和规划，这一举措是非常重要的。建立合作机制和交流平台，可以促进各国之间的沟通与协调，共享保护经验和资源，实现跨国界文化遗产的全面保护。

在制定政策和规划的过程中，需要考虑跨国界文化遗产的特点和价值，结合不同国家的实际情况和文化背景，共同制定科学、合理、有效的保护政策和措施。

加强与相关国家的合作，共同制定跨国界文化遗产保护的政策和规划，建立合作机制和交流平台，共享保护经验和资源，可以更好地保护和传承人类的文化遗产，为未来世界留下更加宝贵的财富。

（2）完善法律法规

制定和完善跨国界文化遗产保护的法律法规，确保这些法规明确、详尽，能够涵盖各种文化遗产类型，并具有可执行性。这些法规应该明确规定保护范围、责任和义务，包括对文化遗产的认定、评估、维护、修复和展示等方面的规定。法规还应该规范文化遗产的利用和开发，避免过度商业化和滥用，确保文化遗产的真实性和完整性得到充分保护。为了保护文化遗产，法规不仅需要规定对盗窃、非法贩卖和破坏文化遗产的行为进行严厉打击，还需要明确规定相应的惩罚措施，以形成有效的威慑。法规中还应包括鼓励公众参与文化遗产保护工作的措施，如设立奖励机制、提供公众教育和宣传等，以提升公众对文化遗产保护的意识和积极性。法规的制定和实施需要严谨、细致，确保其针对性和有效性。法规的制定应该基于深入的调查和研究，对犯罪行为的性质、手段、危害程度等进行全面分析，并借鉴国际上成功的经验和做法。法规的实施也需要严格、公正，确保犯罪行为得到应有的惩罚，维护法律的权威性和公正性。法规还需要明确相关机构的职责和权限，确保文化遗产保护工作的有效实施。政府部门应该加强对文化遗产保护工作的管理和监督，同时鼓励社会力量参与其中，形成政府与社会的合力。

（3）加强科研支持

加大对跨国界文化遗产保护的科研支持力度，意味着需要投入更多的资源来研究这一领域，并鼓励更多的专家和学者参与其中。通过深入的研究，人们可以更好地理解跨国界文化遗产的内涵和价值，发现其独特的文化基因和历史信息，从而为保护工作提供更为科学和有效的指导。在技术方面，相关人员可以借助现代科技手段，如数字化技术、虚拟现实技术等，来更好地记录和保存这些文化遗产，让更多的人能够领略到其独特的魅力。在学术交流方面，人们可以举办各种研讨会、学术会议等，为学者和专家提供一个交流和分享的平台，促进知识和经验的共享。通过这些措施，可以提高跨国界文化遗产保护的科学性和有效性。科学性的保护不仅意味着要对这些文化遗产进行更为精准的记录和保存，还要在保护过程中遵循各种科学规律和方法。有效性的保护则意味着要采取切实可行的措施，确保这些文化遗产能够得到长期的保护和传承。

加大对跨国界文化遗产保护的科研支持力度，推动文化遗产保护领域的技术创新和学术交流，提高跨国界文化遗产保护的科学性和有效性，是人们在文化遗产保护工作中应该努力的方向。

（4）促进社会参与

加强跨国界文化遗产保护的宣传和教育，对提高公众对文化遗产价值的认识和保护意识至关重要。各种渠道，如媒体、社交平台和教育机构，可以广泛传播跨国界文化遗产的重要性和保护意义，增强公众的意识和关注度。同时，举办相关的文化遗产展览、讲座和活动，也能吸引更多人了解和参与跨国界文化遗产的保护工作。

鼓励和支持社会力量参与跨国界文化遗产保护工作，是推动文化遗产保护事业发展的重要途径。政府、企业、社会组织和个人都可以成为文化遗产保护的参与者和支持者。政府可以通过制定相关政策和法规，提供资金和技术支持，引导和推动社会力量参与文化遗产保护工作；企业可以通过捐赠资金、提供技术支持等方式参与文化遗产保护工作；社会组织和个人可以通过志愿服务、捐款支持等方式参与文化遗产保护工作。

通过加强跨国界文化遗产保护的宣传和教育，提高公众对文化遗产价值的认识和保护意识，鼓励和支持社会力量参与跨国界文化遗产保护工作，人们可以更好地保护和传承人类优秀的文化遗产，为人类文明的发展做出贡献。

（5）推动国际公约的遵守

积极推动遵守联合国教科文组织等国际组织制定的有关文化遗产保护的国际公约和协议，例如《保护世界文化和自然遗产公约》等，是每个国家应尽的义务。这些公约和协议旨在保护具有重要历史、艺术、科学和人类学价值的文化遗产，防止其受到不可逆转的损失和破坏。加强国际合作和交流是应对跨国界文化遗产保护挑战的关键。由于文化遗产具有不可分割性，一个国家的文化遗产往往与周边国家或地区的文化遗产相互关联。因此，各国需要携手合作，共同研究跨国界文化遗产保护的问题，分享经验和技术，共同制定有效的保护措施。在实践中，国际合作和交流可以采取多种形式，如联合开展考古发掘、共同修复文化遗产、互派专家交流学习、合作开展跨国界文化遗产保护项目等。这些合作不仅可以促进各国之间的文化交流和友谊，更可以为文化遗产保护事业注入新的活力和动力。

因此，人们应该积极推动跨国界文化遗产保护的国际合作和交流，共同应对这一全球性的挑战。这不仅需要各国政府和相关机构的努力，也需要社会各界的支持和参与。

（6）加强信息共享

加强跨国界文化遗产保护的信息共享机制，这一机制不仅有助于促进各国之间的信息交流，还能及时掌握文化遗产的动态变化和保护情况。通过这一机制，各国可以更有效地采取保护措施，为保护珍贵文化遗产提供可靠的依据。同时，信息共享还可以促进相关国家之间的文化交流和理解，进一步推动跨国界文化遗产保护工作的开展。

（7）加大资金投入

加大对跨国界文化遗产保护的资金投入，不仅有助于保护和传承人类文明的珍贵遗产，还能带动相关产业的发展，促进文化旅游、文化交流等领域的繁荣。为了确保文化遗产保护工作的顺利进行，人们可以通过政府拨款、社会捐赠、国际援助等多种渠道筹集资金，形成多元化的资金来源，为文化遗产的保护提供有力保障。同时，政府还应该出台相关政策，鼓励更多的企业和个人参与跨国界文化遗产保护工作，形成全社会共同参与的良好氛围。跨国界文化遗产保护需要相关国家共同努力，加强合作，完善法律法规，提高科研水平，促进社会参与，推动国际公约的遵守和信息共享，加大资金投入，形成全方位、多层次的保护体系，以更好地保护和传承人类文明的宝贵遗产。

三、国际合作面临的挑战与解决方案

（一）田野文物保护的国际合作面临的挑战

1. 跨国法律法规差异

每个国家的法律体系和文物保护法规都有其独特的特点，这就导致了在国际合作中存在一定的困扰。由于法律法规的差异，对于一些特定的问题，如文化遗产的跨国转移、文物的修复和保护等，各国需要建立起协调一致的法律法规，以确保国际合作的顺利进行。对于文化遗产的跨国转移问题，各国需要制定相关的法律法规，明确跨国转移的条件、程序和责任等，以确保文化遗产能够在国际间得到妥善的保护和传承。在文物修复和保护方面，各国也需要加强合作，共同研究解决文物修复中的技术难题，共同制定保护规划，加强文物的保护工作。因此，国际社会需要加强合作，共同完善法律法规，建立起协调一致的法律法规体系，以促进文化遗产的跨国转移和文物的修复和保护工作的顺利进行。

2. 文化差异

在文物保护领域，不同的国家有着各自独特的价值认知、保护理念和方法，这是非常正常的。然而，这种情况也可能导致在合作中产生一些误解或冲突。为了解决这些问题，各方需要加强文化交流，尊重彼此的文化传统和价值观，并积极寻找共同点。

在文化交流的过程中，各方可以通过分享彼此的经验和知识，了解彼此的文物保护理念和方法，从而增进相互理解和信任。同时，他们也可以共同探讨如何更好地保护文物，以及如何在保护文物的同时，让文物发挥更大的价值。

此外，在寻找共同点的过程中，各方可以通过合作开展一些具体的文物保护项目，如联合考古、修复文物等，来增进彼此之间的合作和友谊。同时，他们也可以通过这些项目，共同探讨如何更好地保护文物，以及如何在保护文物的同时，让文物发挥更大的价值。加强文化交流，尊重彼此的文化传统和价值观，并积极寻找共同点，是解决文物保护领域中误解或冲突的关键。只有这样，才能更好地保护文物，让文物发挥更大的价值。

3. 技术难题

田野文物保护是一项涉及众多复杂技术问题的领域，其中包括对历史文物的修复、维护和保护等。这一领域不仅需要深入的专业知识，还需要精细的技能和经验。然而，仅凭一国之力，往往难以全面解决这些复杂的技术问题。因此，国际合作成为一种必要手段，但这种合作也可能面临一些挑战，比如技术转移的困难、人员培训的需求等。

在这个过程中，各国需要共同投入资源，包括资金、技术和人力资源等。只有通过协同合作，才能有效解决田野文物保护中遇到的技术难题。同时，各国还需要积极分享技术经验，通过信息交流和知识共享，推动田野文物保护技术的不断发展。此外，为了提升田野文物保护的效率和效果，各国还应该加强技术培训，培养更多的专业人才，提高他们在田野文物保护领域的技术水平和实践能力。因此，田野文物保护的国际合作不仅是一种资源的共享，更是一种技术的交流和互惠互利的合作。只有通过这种合作方式，才能更好地应对田野文物保护中遇到的各种挑战，为全球文化遗产的保护做出更大的贡献。

4. 资金问题

田野文物保护是一项至关重要的工作，不仅涉及历史文化遗产的传承，也关系到人类文明的延续。然而，这项工作往往需要大量的资金投入，包括人力、物力、财力等多个方面。在资金分配、项目实施等方面，国际合作中难免会出现分歧，这需要建立公正、透明的资金分配机制，以确保各方能够平等地参与其中，共同承担责任。

（二）解决方案

1. 建立国际协议和合作框架

在法律法规差异的问题上，可以通过签订国际协议或建立合作框架来达成共识。例如，为了保护珍贵而独特的世界文化遗产，各国可以通过协商和合作，签订双边或多边协议，明确各自在文化遗产保护方面的权利和义务。这样的协议可以为跨国合作提供坚实的法律保障，确保各方在文化遗产保护方面能够遵循一定的规范和标准，避免因法律法规差异而产生的矛盾和冲突。同时，通过建立合作框架，各方可以共同制定文化遗产保护计划和行动方案，加强信息共享和经验交流，共同推动文化遗产的保护和传承。

2. 加强文化交流和合作培训

在文化差异的挑战面前，各国可以通过增加文化交流的机会，深入促进不同文化之间的相互理解，以此减少因文化差异带来的误解。这种文化交流不仅可以帮助人们更好地理解其他文化，还可以开阔人们的视野，提高跨文化沟通能力。同时，为了更好地保护珍贵的文化遗产，相关部门可以开展合作培训，集合各方力量，共同提高相关人员在文物保护方面的专业知识和技能。这种合作培训不仅可以增强有关人员在文物保护方面的能力，还可以通过共享知识和资源，使得文物保护工作更加高效，更有影响力。

3. 推动技术交流和转移

在技术难题方面，各国开展技术交流和转移是一个非常重要的举措。派遣专家、共享资源等方式，可以推动先进技术的传播和应用。这种交流和转移不仅可以促进技术传播，还可以加强各国之间的合作，进一步推动全球技术的发展。

为了更好地实现技术交流和转移，各国可以通过建立国际技术交流平台，提供交流和分享技术的机会。通过这个平台，各国可以分享各自的技术成果、经验和资源，从而促进技术的传播和应用。此外，各国还可以通过举办技术论坛、研讨会等活动，提供交流和学习的机会，进一步推动技术的传播和应用。除了派遣专家和共享资源，政府还可以通过其他方式来促进技术交流和转移。例如，开展技术合作项目，为各国提供共同研发、共同使用的机会。这样的合作项目可以促进各国之间的技术交流和转移，进一步推动全球技术的发展。

技术交流和转移是解决技术难题的重要途径之一。派遣专家、共享资源等方式，可以推动先进技术的传播和应用，从而促进各国之间的合作和发展。

4. 建立资金共享机制

在资金问题上，可以采取一系列措施来建立资金共享机制，以明确各方出资比例和责任分担。首先，可以与合作伙伴共同出资，按照出资比例分配资金，确保公平合理。其次，可以通过申请国际组织资助，如世界银行、亚洲开发银行等，获得更多的资金支持。此外，还可以开展跨国合作项目，吸引更多的投资者参与其中，共同分享收益。这些措施的实施将有助于拓宽资金来源，为项目提供更加稳定和可靠的资金保障。另外，相关人员还可以通过优化资金使用和管理，提高资金使用效率。例如，制订详细的预算计划，明确各项开支的比例和用途，并严格按照预算执行。同时，还可以建立内部审计机制，对资金使用情况进行监督和检查，确保资金使用的合法性和规范性。通过这些措施的实施，可以更好地解决资金问题，为项目的顺利实施提供更加可靠的保障。同时，还可以与合作伙伴建立更加紧密的合作关系，共同推动项目的进展和发展。

5. 加强监管和评估

为了确保国际合作的顺利进行和文物保护的有效性，有关部门需要建立一套完善的监管和评估机制。这一机制应当包括各方共同制定评估标准和方法，以便对合作项目进行定期检查和评估。通过这种定期的评估，相关人员可以及时发现问题并采取相应的措施加以解决。这些措施可能包括纠正问题、改善合作关系、调整合作策略等。这种机制不仅可以确保合作的顺利进行，还可以提高文物保护的有效性，为文化遗产保护工作提供坚实的保障。这一机制还可以促进各方之间的沟通和合作，增强彼此之间的信任和了解。通过定期的评估和反馈，各方可以更好地了解彼此的需求和期望，从而更好地协调合作项目。这不仅可以减少误解和冲突，还可以提高合作效率和质量。此外，完善的监管和评估机制还可以为文物保护工作提供可持续性的支持。通过定期检查和评估，相关人员可以及时发现并解决潜在的问题，确保合作项目的长期稳定性和可持续性。

6. 培养专业人才

田野文物保护是一项非常重要的工作，需要具备高度专业知识和技能的人才来完成。这些人才不仅需要了解文物保护的基本原理和知识，还需要掌握相关的技术和工具，能够进行科学合理的保护和管理。因此，田野文物保护领域需要不断加强人才培养和引进，提高专业人才的素质和能力。在国际合作中，各方可以通过共同制定人才培养计划，提供培训课程和实践机会，加强专业人才的培养和交流，从而提高合作效率和效果。在田野文物保护领域，各方可以积极探索新的合作模式和机制，加强信息共享和资源整合，促进人才培养和交流，推动国际合作和科技创新，共同推动田野文物保护事业的发展。只有各方共同努力，才能够更好地保护和管理我国丰富的文化遗产，为人类文明的发展做出更大的贡献。

7. 促进信息共享

建立一个开放、共享、透明化的信息平台，使得所有合作伙伴都可以轻松地了解合作项目的进展情况，并能够及时交流经验教训。通过信息共享，各方可以加强沟通协调，避免出现重复工作和资源浪费的情况，从而有效提高合作效率。此外，这种信息平台还能够促进合作伙伴之间的信任和合作关系的深化，有助于推动合作项目的成功实施。

8. 强化知识产权保护

在涉及知识产权保护的问题上，各国不仅应当充分尊重他国的知识产权，更应当以一种全面、平等、公正的态度来保护他国知识产权不受侵犯。这不仅是国际法的基本原则，也是各国在全球化背景下维护自身利益和促进技术创新与进步的重要手段。

尊重并保护他国知识产权，推动知识产权的合理分享与转移，是促进技术创新与进步的关键。这需要各国政府、企业和中介机构共同努力，共同推动全球知识产权保护和利用水平的不断提升。

9. 应对突发事件

制定应对突发事件的预案和机制是至关重要的。在突发事件发生时，需要迅速采取行动，以保护文物安全并减少损失。因此，相关人员需要制定一份详细的预案，其中包括各种可能发生的突发事件，以及针对每种事件的应对措施。预案应该包括紧急联系人员、应急通信设备、安全疏散路线、医疗救援等方面的详细安排。

除了预案的制定，还需要建立一套有效的机制来应对突发事件。这包括建立一支训练有素的应急队伍，负责监督、协调和执行应急计划。同时，还需要提供充足的资源和支持，例如紧急救援设备、药品、食品等，以确保应急队伍能够在最短的时间内采取有效的行动。在制定预案和机制的过程中，相关人员需要充分考虑各种可能的情况，并对应急计划进行反复的演练和评估。这有助于工作人员发现在实际操作中可能出现的问题，并及时进行改进和调整。通过这些努力，可以更好地应对突发事件，保护文物安全，减少损失。

10. 拓展合作领域

除了涉及传统的文物保护领域，国际合作还可以拓展到文化遗产的传承、旅游开发、科学研究等领域。这种合作不仅有助于文化遗产的全面保护，还可以促进不同国家之间的文化交流与互鉴，增进相互理解和友谊。多领域的合作可以实现优势互补，将不同领域的专业知识和资源整合起来，推动文化遗产的可持续发展。例如，文物保护领域可以借助旅游开发领域的专业知识和资源，将文化遗产转化为具有吸引力的旅游产品，从而吸引更多的游客前来参观和了解，促进文化遗产的传承和宣传。同时，科学研究领域可以对文化遗产进行深入的研究和分析，探究其历史、文化、艺术等价值，为文物保护和传承提供更为科学和可靠的理论依据和技术支持。

因此，国际合作在文化遗产保护和传承方面具有非常重要的作用，可以实现优势互补、资源共享、互利共赢的目标，推动文化遗产的可持续发展，为人类文明进步作出积极的贡献。

田野文物保护的国际合作需要各方共同努力，通过建立共识、加强沟通协调、拓宽资金来源、加强监管评估等方式应对挑战。只有这样才能够更好地保护文化遗产，传承人类文明。

四、国际合作对田野文物保护的推动作用

（一）增强田野文物保护的意识和责任感

国际合作在增强田野文物保护意识和责任感方面的推动作用是无可替代的。它不仅可以将不同国家的文化和价值观融合在一起，还可以通过交流与合作，使各方受益，实现共赢。

国际合作有助于提升田野文物保护的科技水平。在文物保护领域，科技的应用已经越来越广泛。通过国际合作，可以引进先进的技术和设备，提高田野文物的保护效率和质量。同时，国际合作还可以加强学术交流，推动文物保护领域的研究和创新。

国际合作可以强化田野文物保护的法治意识。通过参与国际条约和协议，可以使参与国在田野文物保护方面承担更多的国际义务，从而增强法治意识。例如，《保护世界文化和自然遗产公约》等国际条约的签署，就对各成员国的文物保护工作提出了明确的要求和指导。此外，国际合作还可以促进人类文明的交流与互鉴。在田野文物保护领域，不同国家和地区的专业人士可以通过合作交流，分享经验和知识，推动人类文明的传承和发展。同时，国际合作还可以为公众提供更多的学习和欣赏文化遗产的机会，促进人类文明的交流和互鉴。

国际合作可以激发公众对田野文物保护的关注和参与。可以举办各种宣传活动，提高公众对田野文物保护的认识和重视程度。同时，国际合作还可以为公众提供更多的参与机会，让他们亲身参与到田野文物保护工作中来。

国际合作在增强田野文物保护意识和责任感方面具有积极的推动作用。加强国际交流与合作，可以更好地保护和传承人类宝贵的文化遗产，实现文化多样性的繁荣发展。国际合作还可以促进田野文物保护的可持续性发展。国际合作可以将不同国家和地区的文化和价值观融合在一起，促进文化多样

性的保护和发展。同时，国际合作也可以为参与国提供更多的资金和技术支持，提高田野文物保护的能力和水平。

（二）促进田野文物保护的国际法规和政策制定

田野文物保护的国际法规和政策制定是一个复杂而重要的领域，需要多方面的合作和努力。

1. 国际法规的制定

国际社会已经认识到田野文物保护的重要性，因此制定了一系列相关的国际法规，以保护这些珍贵的文化遗产。其中最具代表性的是《保护世界文化和自然遗产公约》。该公约规定了保护世界遗产的必要措施，包括防止对其构成威胁的活动，开展保护、保存和展示活动，以及进行国际合作。此外，还有其他相关的国际法规，如《关于禁止和防止非法进出口文化财产和非法转让其所有权的方法的公约》和《保护水下文化遗产公约》等。

2. 政策制定的参与

除了国际法规的制定外，各国积极参与并制定本国的田野文物保护政策也是至关重要的。这些政策应当充分考虑本国的独特文化传统和实际情况，同时紧密结合国际法规和政策的要求。此外，为了确保田野文物保护工作的全面、系统、有效实施，各国的田野文物保护政策还应包括相关的法律法规、财政预算和管理机制等内容。

为了确保田野文物保护工作的有效实施，各国需要建立一套健全的管理机制。这包括设立专门的文物保护机构，配备专业的技术人员和行政管理人员，负责田野文物的调查、登记、保护和修复工作。此外，各国还应制定田野文物保护的法律法规，明确文物的保护标准、责任和义务，对破坏和盗掘文物等违法行为进行严厉打击。

在财政预算方面，各国政府应加大对田野文物保护的投入力度，确保有足够的资金用于文物的保护、修复和研究工作。同时，各国还可以通过吸引社会资本、开展国际合作等方式来筹集资金，为田野文物保护工作提供更加充足的保障。

田野文物保护的国际法规和政策制定需要全球范围内的国际合作和各国的积极参与。只有这样，才能确保文化遗产得到充分的保护和保存，为后人留下珍贵的遗产。

（三）推动田野文物保护的技术创新和应用

国际合作对于推动田野文物保护的技术创新和应用具有重要意义。通过跨国界的合作，各方可以共享资源、知识和经验，共同解决田野文物保护所面临的挑战。

1. 技术创新

国际合作在推动田野文物保护技术的创新方面扮演着重要的角色。通过集结全球的智慧和资源，合作伙伴可以共同研发出新的材料、技术和设备，为田野文物保护提供更高效、更科学的方法和手段。例如，利用先进的科技手段，可以精准地检测和分析田野文物的微观结构和化学成分，为保护和修复工作提供更加准确的数据支持。

国际合作还能促进技术转移，使得先进的技术和设备能够在更广泛的地域得到应用。与国际伙伴的交流和合作，可以将一些先进的技术和设备引入到不同的国家和地区，实现田野文物保护工作的跨地域合作和资源共享。这不仅可以提高保护工作的效率和质量，还可以为不同地域的田野文物保护提供更多的可能性。

国际合作能够为田野文物保护提供更多的学习机会和培训资源。在与合作伙伴共同开展保护工作的过程中，可以相互学习和分享经验，提高保护人员的专业素养和技术水平。同时，国际合作还可以将保护工作与全球文化遗产保护领域的发展趋势紧密联系起来，推动田野文物保护技术的不断进步和发展。

国际合作对推动田野文物保护技术的创新具有积极的作用。通过共同研发新的材料和技术、促进技术转移、提供学习机会和培训资源等方式，国际合作可以为田野文物保护工作提供更多的支持和帮助，促进全球文化遗产的保护和传承。

2. 知识共享

国际合作在田野文物保护领域扮演着重要的角色，有助于共享和传播相关知识。合作伙伴共同努力，可以举办各种研讨会、培训班等活动，为专业人员提供更广阔的学习平台，提高他们的技能和知识水平。这些活动不仅可以让专业人员相互交流、取长补短，还可以促进不同国家之间的学术交流，使研究人员能够及时了解最新的研究动态和趋势。通过国际合作，田野文物保护领域可以获得更多的学术资源和研究成果，推动该领域的发展和进步。合作伙伴可以相互学习、共同进步，分享彼此的经验和成果，从而为保护珍贵的文化遗产做出更大的贡献。这种合作还可以促进不同文化之间的交流和理解，增进各国人民之间的友谊和相互信任。此外，国际合作还可以促进田野文物保护领域的创新和发展。通过联合研究和开发，合作伙伴可以共同探索新的保护技术和方法，提高保护工作的效率和效果。这种合作不仅可以推动田野文物保护领域的技术进步，还可以为其他领域提供宝贵的经验和借鉴。国际合作在田野文物保护领域具有不可替代的作用。通过合作伙伴的共同努力，可以更好地保护和传承文化遗产，增进各国人民之间的友谊和相互信任，为世界文化的多样性和繁荣做出贡献。

3. 联合研究

国际合作对于推动田野文物保护的联合研究至关重要。这种合作可以汇集来自不同国家和地区的研究力量，利用各自的专业知识和资源，共同开展研究项目。通过这种方式，合作伙伴可以更有效地解决田野文物保护所面临的关键问题，并推动该领域的发展。

通过国际合作，各方可以共同探索新的解决方案，提高田野文物保护的效果和质量。国际合作还可以促进文化交流和相互理解，有助于推动不同国家和地区之间的友谊和合作。国际合作还可以促进田野文物保护的普及和教育。通过合作，各方可以共同推广田野文物保护的理念和知识，提高公众对于文化遗产保护的意识和重视程度。这种合作可以增强公众对于文化遗产重要性的认识，并激发更多的人参与到田野文物保护的事业中来。

国际合作对推动田野文物保护的联合研究具有重要意义。合作伙伴共同开展研究项目，可以提高田野文物保护的效果和质量，促进技术交流和知识共享，加强信任和合作精神，并推动不同国家和地区之间的文化交流和友谊。国际合作还可以促进田野文物保护的可持续性发展。通过联合研究，合作伙伴可以共同制定解决方案，以保护和传承历史文化遗产。这种合作可以确保文化遗产得到充分的保护和传承，并且可以为其未来的发展提供可持续性的保障。

4. 资源整合

国际合作对于整合田野文物保护的资源起到了至关重要的作用。与合作伙伴共同筹集资金，可以确保田野文物保护工作得到充足的经费支持。调配人员和设备，可以使这些资源得到更加合理的利用和优化配置，从而确保田野文物保护工作的有效开展。此外，国际合作还可以促进信息共享，使各方能够更好地了解田野文物的现状和保护需求。通过共享信息，可以更好地了解田野文物的保护状况，及时发现和解决潜在问题，确保田野文物的安全和完整。国际合作是推动田野文物保护工作的重要途径，有助于实现资源的有效整合和优化配置，促进信息的共享和技术交流，提高人才培养和技术水平。

5. 全球视野

与全球各地的合作伙伴共同合作，可以将这项工作更好地融入全球文化遗产保护的大背景中。这种合作不仅可以拓宽相关人员的视野，提供更广阔的思路，而且可以让人们更好地了解全球文化遗产保护的挑战和趋势。在与合作伙伴的交流中，可以分享彼此的经验和观点，学习其他地区的成功案例和做法，汲取他们的智慧和经验，从而推动全球文化遗产保护事业的发展。国际合作对推动田野文物保护的技术创新和应用具有重要作用。通过合作，各方可以共同解决难题，共享资源，提高效率，并促进全球文化遗产保护事业的发展。

第四章 田野文物保护的伦理原则与可持续性

第一节　伦理原则与文化敏感性

一、伦理原则在田野文物保护中的应用

在田野文物保护中，伦理原则的应用至关重要。这些原则旨在确保文物得到适当的保护和尊重，同时避免对环境和社区造成负面影响。以下是几个关键的伦理原则在田野文物保护中的应用。

（一）尊重和保护原真性原则

原真性原则是文物保护的基本原则之一。它强调在保护文物的过程中，要尊重文物的历史、文化和艺术价值，尽可能地保持其原始状态和真实性。

对于田野文物来说，原真性原则同样适用。田野文物通常是指那些在野外自然环境中发现的文物，如石器、陶器、玉器、铜器等。这些文物具有重要的历史、文化和艺术价值，是研究古代社会、文化、技术和艺术的重要依据。

在保护田野文物时，原真性原则的尊重和保护是非常重要的。具体来说，应该采取以下措施。

1. 保护文物的原始状态

保持文物的原始状态是非常重要的，因为文物是历史和文化遗产的重要组成部分。过度的修复或改变可能会破坏文物的历史价值和真实性。因此，

相关人员应该尽可能地保护文物的原始面貌，避免对文物造成不必要的损害。如果必须进行修复或保护，应该采用科学的方法和技术，以确保修复或保护工作的准确性和可靠性。这些方法和技术应该基于深入的研究和专业知识，以避免对文物造成损害。同时，修复或保护工作也应该符合相关的国际标准和法规。

2. 防止文物的损坏和老化

对于那些已经历过岁月洗礼的文物来说，它们无疑是人类历史文化的珍贵遗产，是时光的见证者。然而，这些文物并非永恒不灭的，它们会因为各种原因，如时间的侵蚀、自然灾害、人为破坏等，而遭受不同程度的损坏或老化。因此，人们有责任，也有义务去保护和修复这些珍贵的文化遗产，使后人能够从中了解历史，感受文化的魅力。

为了有效地保护和修复这些文物，相关人员应采取一系列综合性的措施。对于已经损坏的文物，应采用先进的修复技术，如微观修复、物理化学修复等，对其进行修复和还原。同时，对于那些仍然处于完好状态的文物，也应采取相应的保护措施，如环境控制、定期检查、预防性维护等，以防止其进一步损坏或老化。除了修复和保护，还应加强对文物的监测和维护。通过采用现代科技手段，如数字化技术、物联网技术等，对文物进行实时监测，及时发现并解决潜在的问题。这样不仅可以防止文物的进一步损坏或老化，还可以延长其使用寿命，使其成为后世的永久财富。

3. 尊重文物的历史、文化和艺术价值

在保护文物的过程中，必须充分尊重文物的历史、文化和艺术价值。这涵盖了对文物背景和来源的深入研究，以挖掘其蕴含的历史意义和文化内涵。为了实现这一目标，需要借助专业的文物研究机构和专家学者的力量，利用现代科技手段进行深入的分析和研究。同时，还需要加强对公众的文物教育和宣传工作，提高公众对文物的保护意识和重视程度。只有这样，才能更好地保护这些珍贵的文化遗产，为后人留下一个更加丰富多彩的历史瑰宝。

4. 建立完善的保护记录

对于那些具有深厚历史和文化价值的田野文物来说，建立健全的保护记录显得尤为重要。这些记录不仅应包括发现文物的具体地点、发现的时间，以及采取的特定保护措施等基本信息，而且还应详述整个保护工作的实施过程，以及最终取得的保护成果。这样做不仅有助于日后对文物的研究，还能为其有效的利用提供基础信息。完善的保护记录可以为田野文物的保护和研究提供强有力的支持。首先，详细的记录可以准确地反映文物的原始状态，有助于专家和学者们对其历史背景和文化价值进行深入的研究。同时，这也有助于在保护过程中及时发现问题，并采取相应的补救措施，从而最大程度地保护文物的完整性。其次，这些记录可以为公众提供更多关于田野文物的知识，增强大众对文物保护的意识。此外，健全的保护记录还有助于在日后的城市规划或开发中，避免对田野文物的破坏。

为了确保田野文物的永久保存和进一步研究，建立并维护一份准确、完整的保护记录是至关重要的。这不仅是对历史和文化的尊重，也是对未来研究和利用的负责。因此，人们应当重视并加强田野文物的保护记录工作，使其能够更好地服务于学术界和社会大众。

尊重和保护田野文物的原真性原则是非常重要的。这不仅有助于保护文物的历史、文化和艺术价值，也有助于推动对古代社会、文化和技术的研究和发展。

（二）预防性保护原则

田野文物的预防性保护原则主要包括以下几点。

1. 科学规划

对田野文物进行科学的调查和规划，制订合理的保护方案，明确保护措施和目标。在这个过程中，需要充分了解田野文物的历史、文化、艺术和科学价值，以及其所在地的环境、社会和经济因素。通过科学的方法和技术手段，相关人员可以对田野文物进行全面的分析和评估，从而制订出更加合理和有效的保护方案。同时，还需要明确保护措施和目标，确保保护工作的实施和监督都具备清晰的方向和目的。通过这样的工作流程，相关人员可以更好地保护田野文物，传承历史文化遗产，为人类文明的发展做出贡献。

2. 分类保护

根据田野文物的类型、价值、保护现状等因素，采取不同的保护措施，做到分类保护、重点突出。对于不同类型的田野文物，要采取相应的保护措施。对于价值较高的文物，要加强保护力度，采取更为严格的保护措施，确保其历史价值得到充分保护。同时，还要根据田野文物的保护现状，制定有针对性的保护措施。对于保护状况较好的文物，要继续保持保护状态；对于存在破损或遗失等情况的文物，要及时采取修缮或追索等措施，确保其得到有效保护。

3. 预防为主

为了加强预防性保护，需要采取一系列有效的措施，以确保文物得到充分的保护，防止它们遭受损坏、丢失或被盗等情况的发生。这些措施包括提高安全防范水平，加强巡查和监管力度，建立更加完善的文物登记和监管制度，以及提高公众对文物保护的意识。这些措施的实施，可以更好地保护文物，让它们得以传承和发扬光大。在采取这些措施的过程中，需要充分考虑文物的特点和保护需求，以确保所采取的措施是科学、合理和有效的。此外，还需要加强宣传和教育，提高公众对文物保护的认识和重视程度，增强公众对文物保护的参与度和支持度。通过广泛开展宣传和教育活动，政府可以让更多的人了解文物的历史和文化价值，认识到文物保护的重要性，从而形成全社会共同参与文物保护的良好氛围。加强预防性保护是确保文物得到充分保护的关键。为此，需要采取一系列有效的措施，提高安全防范水平，加强巡查和监管力度，建立完善的文物登记和监管制度，加强对文物的监测和维护，同时加强宣传和教育，提高公众对文物保护的认识和重视程度。只有这样，才能更好地保护文物，让它们得以永久保存并传承下去。

4. 公众参与

加强公众宣传和教育，提高公众对田野文物的保护意识和参与度，形成全社会共同参与的文物保护体系。这意味着通过各种渠道和方式，向公众普及文物知识，让更多人了解文物的历史价值和文化内涵，从而激发他们对文物保护的热情和责任感。同时，教育部门可以在学校开设有关文物保护的课程，增强青少年对文物的认识和保护意识。此外，政府可以组织各种宣传活动，如展览、讲座等，让公众更好地了解文物背后的故事和价值。通过这些措施，可以形成全社会共同参与的文物保护体系，为人类的文化遗产留下宝贵的印记。

为了加强田野文物保护的教育和培训，政府需要采取一系列措施。

首先，政府和相关部门应该增加对文物价值的宣传和教育力度，通过各种渠道向公众普及文物的重要性和保护知识。例如，在博物馆、文化遗址等场所，设立宣传栏是一个极好的想法。这些宣传栏可以向游客们详细介绍每件文物背后的历史和文化背景。通过这些介绍，游客们将能够更全面、深入地了解文物的价值，从而增强对文物的保护意识。同时，宣传栏还可以向游客普及保护文物的方法和技巧，引导他们正确地对待文物，从而延长文物的使用寿命。除此之外，宣传栏还可以作为一种教育的工具，为学校、家庭等教育机构提供学习的材料。通过宣传栏的介绍，学生们将能够更加深入地了解历史文化的价值，从而增强对文物的保护意识，提高文化素养。同时，家长也可以通过宣传栏的介绍，更加关注和参与到文物保护中来，为传承历史文化贡献自己的力量。

其次，媒体也应该发挥更大的作用。媒体对考古发现的详细报道，往往能够引发社会的广泛关注和热议。这些报道不仅可以让公众了解最新的考古成果，还可以激发更多人对于历史文化的浓厚兴趣和关注。同时，社会各界的高度关注，往往能够促使相关部门和机构加强对于文物保护和管理的工作，采取更加积极的措施，从而更好地保护和利用文物资源。这些文物资源作为历史的见证，对于人们了解过去、研究历史文化具有不可替代的重要价值。因此，媒体对于考古发现的报道和社会关注，在促进文物的发现和保护方面具有不可忽视的重要作用。媒体对于考古发现的报道还可以促进相关学术研究的开展。这些报道往往能够引发学者们对于考古发现的研究热情和深入探讨，进一步挖掘和解读文物所蕴含的历史信息和文化价值。媒体对于考古发现的关注和报道，还可以促进学术机构、专家学者之间的交流和合作，推动学术研究的进展和发展。媒体对于考古发现的报道和社会关注，具有多方面的积极意义。它们不仅能够让公众了解最新的考古成果，还能激发更多人对历史文化的兴趣和关注，促进文物的保护和相关学术研究的开展。因此，人们应该充分发挥媒体的作用，提高公众对文物保护的意识和重视程度，共同守护历史文化遗产。

再次，学校应当高度重视并加强对学生进行文物教育的普及与推广。这不仅有助于提高学生的历史文化素养，更有助于培养他们对文物的保护意识。通过课堂教育，教师可以系统地为学生介绍文物的定义、分类、历史背景以及文化价值，使他们对文物有更加全面和深入的了解。同时，学校还可以通过举办各种校园文化活动，如文物展览、讲座、研讨会等，将文物保护的理念融入学生的日常生活，让他们在实践中认识到文物的珍贵性和保护方法。文物教育不仅需要让学生了解文物的外在特征和历史背景，更重要的是要引导他们理解文物的内在价值。每件文物都承载着一段历史，背后都有一个令人心动的故事。通过深入挖掘文物的历史文化内涵，可以让学生感受到文物的独特魅力，从而激发他们对文物保护的热情和责任感。学校还可以邀请文物保护专家来校进行讲座或举办工作坊，让学生有机会与专家面对面交流，了解文物保护的最新动态和技术手段。这不仅可以增强学生对文物的认识，还有助于培养他们的实践能力和创新思维。在实施文物教育的过程中，学校应当注重教育的系统性和连贯性。从小学到高中，学生的认知能力和兴趣点都会发生变化，因此需要根据不同年龄段的学生特点制定相应的教育内容和方式。同时，学校还应积极与家庭、社区以及社会机构合作，共同为学生创造一个良好的文物保护教育环境。

最后，社会团体和个人也应该积极参与到文物保护事业中来。他们可以成立各种文物保护组织，这些组织可以开展各种形式的文物保护活动，例如修复文物、保护文物、宣传文物等。社会团体和个人还可以通过各种形式的文化活动来宣传文物的历史和文化价值。这些活动可以包括展览、讲座、研讨会等，让更多的人了解和关注文物保护事业。通过这些活动，人们可以更好地了解文物的历史和文化价值，从而更好地保护和传承这些宝贵的文化遗产。

田野文物的发现，对人们了解历史、研究文化、探索人类文明的演变都起到了重要的作用。因此，对于那些只在特定时间和地点才会被发现的文物，相关人员应当保持敬畏和珍视的态度，积极地进行搜寻和保护。这些文物的发现，不仅仅局限于考古学家和历史学家的研究。实际上，每一个文物的发现，都可能为人们揭示一个未知的历史故事，或者提供一种全新的理解方式。例如，一些季节性淹没的遗址的发现，可以帮助相关人员了解古代社会的生存环境、文化习惯甚至是社会结构。那些埋藏较深的遗址，则可能为人们揭示一种前所未知的人类活动或者技术。同时，这些文物的发现也对社会发展有着重要的影响。它们不仅仅是历史的见证，更是社会发展的推动力。通过对这些文物的深入研究，可以更好地了解人类社会的过去，从而为未来提供参考和启示。因此，对于这些只在特定时间和地点才会被发现的文物，人们应当保持敬畏和珍视的态度，积极地进行搜寻和保护。同时，相关部门也应当借助现代科技的力量，如人工智能、大数据等，来更好地研究和保护这些文物。通过深入挖掘这些文物的价值，可以更好地理解我国历史和文化，从而为未来发展提供更多的启示和动力。

政府和社会应该加大对文物事业的投入，建立完善的文物人才培养体系，培养一支高素质的文物保护专业队伍，提高文物的保护和管理水平。相关人员应该加强对文物违法行为的打击力度，严厉打击盗窃、盗掘等违法行为，切实保护文物的安全和完整。相关人员还应该加强社会监督，鼓励公众参与文物保护工作，形成全社会共同参与文物保护的良好氛围。在具体的实践中，可以开展多种形式的田野文物保护教育和培训。例如，政府可以组织专家讲座、培训班等活动，向公众普及文物保护的基本知识和技能；也可以开展针对不同人群的专项培训，如针对文保单位的讲解员、文化旅游从业者、文物修复师等不同职业人群的培训；还可以利用互联网等新兴媒体形式，开展线上培训、网络课程等教学活动，使更多的人能够方便快捷地获取文物保护的相关知识和信息。加强田野文物保护的教育和培训，能够更好地保护和管理文化遗产，让更多的人了解和认识到文物的重要性及其所承载的历史和文化价值。这不仅有助于传承和弘扬中华文化，还可以促进社会文明进步和发展。

5. 科技支撑

积极引进和应用先进的科学技术手段，如无人机、卫星定位、遥感技术等，提高田野文物保护的科技含量和效果。这些技术手段不仅可以提高文物保护的准确性和效率，还可以减少人为因素对文物的破坏和干扰，为文物的科学保护和合理利用提供了更加可靠的保障。无人机技术可以用于文物的航拍和监测，通过高清晰度的航拍图像可以及时发现文物的新变化和破坏情况，为文物的保护和修复提供更加准确的数据支持。卫星定位技术可以用于文物的精确定位和测量，通过高精度的卫星定位数据可以精确地获取文物的位置和形态等信息，为文物的科学保护和合理利用提供更加准确的基础数据。遥感技术可以用于文物的地表特征分析和地下埋藏探测，通过遥感图像的分析可以及时发现文物的分布规律和特征，为文物的科学保护和合理利用提供更加全面的数据支持。

除了引进先进的科学技术手段，还需要加强田野文物保护的科技研发和人才培养。需要不断探索和创新适合中国文物保护的科技手段和技术方法，提高文物保护的科技含量和效果。同时，也需要加强文物保护人才的培养和引进，建立一支高素质、专业化的文物保护队伍，为文物的科学保护和合理利用提供更加坚实的人才基础。

6. 政策支持

制定和落实有关田野文物预防性保护的政策和法规，旨在加强政府对文物保护的支持和引导。这些政策和法规不仅明确了田野文物的保护标准和管理要求，还强化了政府在文物保护方面的责任和义务。通过加强田野文物的预防性保护，政府能够有效地遏制文物破坏和流失的现象，为文化遗产的保护提供强有力的保障。同时，政府对田野文物的保护给予了更多的关注和支持，通过资金投入、技术支持、政策优惠等多种方式，推动文物保护工作的深入开展。此外，政府还加强了对田野文物的管理，建立健全的文物档案管理制度，对文物的流转、使用、修复等进行严格的规范和管理。这些政策和法规的实施，不仅提高了田野文物的保护水平，也增强了公众对文物保护的认识和意识。

7. 资源整合

为了加强田野文物预防性保护工作的推进，需要与相关部门和机构加强合作，整合资源，形成合力。这些部门和机构包括但不限于文化遗产保护机构、博物馆、科研院所等。通过与这些机构的合作，可以更好地协调各方的工作，共同推进田野文物预防性保护工作的开展。在合作过程中，需要相互尊重、相互支持，加强沟通与协调。同时，还需要整合各种资源，包括人力、物力、财力等，形成合力，共同推进田野文物预防性保护工作。只有这样，才能够更好地保护人类的文化遗产，让更多的人了解和关注文化遗产的保护工作。

8. 持续监测

对田野文物进行持续监测和维护，及时发现并解决文物损坏、丢失、被盗等问题，这是确保文物安全和完整的关键措施。通过不间断的监控和专业的维护，相关部门可以确保文物的保存状态得到有效的保护，避免遭受进一步损失。这些措施的实施，不仅能够防止文物的进一步破坏，还可以提高文物的保护水平，为后人留下更多珍贵的文化遗产。为了实现这一目标，需要采取一系列切实有效的措施。首先，要加强对田野文物的日常巡查和定期检查，及时发现并解决潜在的安全隐患。其次，要建立健全的文物保护制度，明确责任分工和管理流程，确保各项保护措施的落实到位。此外，还要加强与当地社区的联系和合作，共同推进文物的保护工作，提高公众的文物保护意识。这些措施的实施，可以实现对田野文物的有效保护，确保文物的安全和完整。这不仅是对历史文化的传承和保护，也是对人类文明发展的贡献。同时，对于当地社区来说，文物的保护和利用也可以带来诸多好处。它可以促进当地旅游产业的发展，增加地方财政收入，提高居民的生活质量。

通过以上原则的实施，相关部门可以有效地预防和控制田野文物的损坏和丢失，保障文物的安全和完整，为文化遗产的保护和研究提供有力支撑。

（三）最小干预原则

田野文物的最小干预原则是指在保证文物安全的基本前提下，通过最小程度的介入来最大限度地维系文物的原本面貌，保留文物的历史、文化价值，以实现延续现状、降低保护性破坏的目标。这意味着在保护和修复文物的过程中，应尽可能减少对文物的干预，避免过度修复或破坏文物的原始特征和历史价值。

最小干预原则强调对文物的保护和修复应基于科学、客观的原则，尽可能保持文物的原状。在实施保护和修复措施时，应充分考虑文物的历史、文化、艺术和科学价值，并采取最小程度的干预措施，以维护和恢复文物的真实性和完整性。

为了实现最小干预原则，需要采取以下措施。

1. 科学评估

对文物进行全面的科学评估，这不仅需要深入了解文物的现状，包括文物的物理状态、保存状况、损坏程度等，还要探究文物的历史背景和文化内涵，理解其在历史长河中的地位和价值。相关人员还要对文物的保护需求进行全面的分析，识别出文物所面临的风险，如自然因素、人为因素等，并制定相应的保护措施。

2. 制定保护计划

根据评估结果，需要制定一份详细的保护计划，该计划应明确保护目标、方法、步骤和时间表。在制定保护计划时，相关人员应尽量遵循最小干预原则，以避免过度干预和破坏文物的原始特征。为了确保保护工作的有效性，还需要对保护计划进行严格的论证和审查，确保其科学性和可行性。同时，也需要考虑到保护工作的实际操作问题，如人力、物力、财力等方面的因素，以确保保护计划的顺利实施。总之，制定一份详细的保护计划是保护文物的重要保障，也是对历史和文化的负责任态度的体现。

3. 实施保护措施

在精心设计的保护计划的指导下，相关人员采取了各种必要的保护措施，包括对文物的清洗、加固和修复等。这些保护措施旨在尽可能减少对文物的干预，并始终遵循科学和客观的原则。采取这样的方式，能够确保对文物的保护工作既全面又细致，从而最大程度地延长其寿命，并让更多的人能够欣赏到这些宝贵的文化遗产。

4. 监测与评估

在实施了周密的保护措施后，相关人员会对文物进行定期的监测和评估，以确保这些措施的有效性以及对文物的最小干预。通过使用先进的仪器和设备，相关人员可以对文物进行全面的检查和分析，从而了解文物的保存状况和受保护的程度。如果发现任何问题，会及时调整保护方案，确保文物的保护工作得到及时有效进行。还要加强对文物的日常维护和保养，包括定期清洁、修复和保护等工作，以延长文物的使用寿命和价值。

5. 遵循法律法规

在实施保护和修复措施时，相关人员必须严格遵守相关法律法规和标准要求，以确保文物的保护和修复工作合法合规。这些法规和标准包括《文物保护法》、地方的文化遗产保护条例等相关法律法规，以及相关的国际标准和行业规范。只有遵循它们，才能确保文物的保护和修复工作得到正确的实施，从而达到保护文化遗产的目的。

（四）保护文物环境原则

田野文物保护和环境原则主要涉及两个方面的内容：一是田野文物的修缮、保养和迁移，二是田野文物的开放与考察。

对于田野文物的修缮、保养和迁移，其原则是严格依法进行，并且要遵守不改变文物原状的原则。这一过程所需费用由使用人、所有人或当地财政负担。

在田野文物开放前，需要进行修缮并对周围环境进行治理，这一切都需要经过相应的文物行政部门的批准。对于未开放的田野文物，如果需要进行参观考察，需要根据文物保护单位的级别报相应的文物行政部门批准。如果是举办大型的参观考察活动，还需要另外征得相关部门的同意。

除了以上提到的修缮、保养、迁移和开放原则，田野文物保护还应尊重历史和自然环境。田野文物保护不仅仅是一项针对单一文物的保护行为，更是一种对历史和自然环境连续性和完整性的维护。这意味着，在实施田野文物保护的过程中，人们需要以一种全面的视角来考虑问题，不仅要关注文物的本体保护，还要关注与文物紧密相连的自然环境和历史背景。尊重和保护文物所处的自然环境，就如同尊重和保护文物本身一样重要。田野文物所处的自然环境是文物的重要组成部分，也是历史信息的重要载体。保护好这些自然环境，就意味着保护了文物所承载的历史信息的完整性。同时，这种保护也有助于维护生态平衡，提高生物多样性，防止环境污染等。同样，保护文物所处的历史背景也是田野文物保护的关键环节。每一件文物都有其独特的历史背景和故事，它们是历史的见证者，也是历史的传播者。保护好这些历史背景，就意味着保护了文物所承载的历史信息的连续性。这种保护也有助于传承和弘扬历史文化，增强人们对历史文化的认识和尊重。因此，在进行田野文物保护时，需要以一种全面、平衡的视角来考虑问题，既要尊重和保护文物所处的自然环境，也要尊重和保护文物所处的历史背景。只有这样，人们才能真正地实现田野文物保护的目标，为后人留下一个连续、完整的文化遗产。

二、文化敏感性在田野文物保护中的重要性

（一）保持文化敏感性的意义

在田野文物保护中，保持文化敏感性的意义非常重要。文化敏感性是指对特定文化现象、价值观、传统和习俗的理解和尊重，以及对其独特性和重要性的认知。在田野文物保护中，保持文化敏感性有助于保护和传承这些独特的文化遗产，并确保其在当代社会中的价值和意义得到认可。

首先，保持文化敏感性对提高人们对文化遗产及其独特性的认识至关重要。田野文物保护，即对特定时期、地点和文化的保护，要求深入了解其历史、文化、社会背景以及相关的价值观和传统。只有保持对文化的敏感性，才能更好地理解这些文化遗产的独特性和价值，从而在保护工作中更加注重其完整性和原真性。保持文化敏感性意味着对不同文化的尊重和关注，以及对文化遗产保护的重视。它涉及对文化遗产的深入研究和理解，包括其历史背景、文化内涵、社会影响以及传承价值。这种敏感性使人们能够从不同角度审视和理解文化遗产，更加全面地认识其独特性和价值。保持文化敏感性有助于人们在保护工作中注重文物的完整性和原真性。这意味着不仅要保护文物的物质形态，还要关注其历史背景、文化内涵和社会价值的完整性。只有在充分理解和尊重这些文化遗产的基础上，才能制定出更加科学合理的保护方案，确保其传承的历史和文化信息的准确性和原真性。

其次，文化敏感性是一种对不同文化背景、价值观、信仰和习俗的认知和理解。保持文化敏感性意味着关注和尊重不同文化的独特性，并认识到这些文化对人类社会和历史的重要贡献。通过保持文化敏感性，人们可以更好地理解和欣赏不同文化的价值和特点，从而促进文化多样性的保护和传承。田野文物保护是一种关注和保护物质文化遗产的重要措施。它关注不同文化的独特特征和演变过程，包括建筑、艺术、手工艺品等。田野文物保护不仅

有助于保留这些独特的文化遗产，还能让更多人了解和欣赏这些文化的历史和价值。通过保持文化敏感性和加强田野文物保护，可以更好地保护和传承不同文化的独特性和多样性。这不仅有助于丰富人类文化的多样性，还能促进不同文化之间的交流和理解。在全球化的背景下，这种跨文化的交流和理解对于构建和谐的社会至关重要。通过保持文化敏感性，人们能够更好地了解和欣赏当地文化和传统，这有助于加强社会参与和文化认同的形成。在了解和尊重传统文化的基础上，社区居民可以更加自信地参与到社会活动中，与其他人分享自己的文化和经验。这种社会参与不仅有助于增强社区的凝聚力，还可以为文化遗产的保护提供持续的动力和支持。保持文化敏感性还有助于提高人们对传统文化的认识和了解。随着人们对传统文化认识的提高，他们能够更好地传承和发扬这些文化传统。这对于文化遗产的保护具有至关重要的意义，因为这意味着传统文化能够在现代社会中得到更好的传承和发扬光大。因此，应该重视并加强文化敏感性的培养和教育，以保护和传承文化遗产。

（二）如何保持文化敏感性

在田野文物保护中，保持文化敏感性是非常重要的。保持文化敏感性，可从以下几个方面进行。

1. 学习和了解当地的文化和历史

对当地的文化、价值观和历史有深入的了解是保持文化敏感性的关键，这意味着能够细致地感知和领悟不同文化的内涵和特点，从而在跨文化交流和合作中做出更加准确和恰当的反应。为了实现这一目标，可以采取一些具体的方法，例如深入研究历史文献、与当地社区进行互动交流、参与各种文化活动等。

通过研读历史文献，人们可以了解一个地方的文化传承和发展历程，把握其独特的价值观和信仰，从而更好地理解当地人的行为和思想。与当地社区的交流则可以让人们直接接触到当地的文化和生活方式，感受到不同文化之间的差异和相似之处，从而增进跨文化理解。参与文化活动则是展示文化敏感性的一个重要途径。通过亲身参与各种文化活动，人们可以深入了解当地文化的特点和内涵，同时也可以展示出我国对不同文化的尊重和包容。

保持文化敏感性对于国际交流和合作至关重要。在全球化日益深入的今天，跨文化交流已经成为不可避免的趋势。只有具备了高度的文化敏感性，才能更好地理解和适应不同的文化环境，避免因为文化差异而引起的误解和冲突。同时，对于当地文化的深入了解也可以帮助人们更好地展示自己的文化特色和价值观，促进不同文化之间的交流和融合。

2. 尊重当地的文化和传统

在保护文物的过程中，尊重当地的文化和传统至关重要。这意味着要遵守当地的礼仪、习俗和宗教信仰，以展示对当地人民的尊重和文化的敬畏。同时，不应干涉当地的文化活动，以确保文物所代表的历史和价值得到充分保护和传承。通过这种方式，可以更好地维护文物的完整性和真实性，并确保它们能够为后代留下宝贵的文化遗产。

3. 培养跨学科的思维

田野文物保护是一项需要具备跨学科知识和技能的重要工作。它涉及历史、考古、人类学、社会学等多个领域，要求相关人员具备全面的知识体系和深入的研究能力。在田野文物保护工作中，跨学科的思维和技能是非常重要的，因为这些领域的知识和技能可以相互补充，帮助人们更好地理解文物的背景、文化内涵和价值。

历史和考古学可以帮助相关人员了解文物的历史背景和演变过程，人类学和社会学则可以帮助理解文物所代表的社会和文化意义。通过培养跨学科的思维，相关人员可以从多个角度来审视和探究文物，从而更全面地了解它们的历史和文化价值。此外，田野文物保护还需要具备实践技能和经验。这包括考古调查、发掘、记录、保护等方面的技能。这些技能需要在实践中不断积累和提升，因此实践经验也是做好田野文物保护工作的重要条件之一。田野文物保护需要具备跨学科的知识和技能，并且需要不断积累实践经验。

只有这样，才能更好地保护和传承这些珍贵的文化遗产。

4. 关注社会和文化变化

随着时间的不断流逝，社会和文化环境也在不断地演变和进步，这无疑会对文物产生深远的影响。文物的存在，承载着历史和文化的记忆，是社会发展的重要见证。然而，社会和文化的变迁，可能会使这些文物逐渐失去其原有的价值和意义。因此，需要时刻关注社会和文化的发展趋势，及时调整保护策略，以保持对文物的敏感性和关注度。

为了有效地保护文物，需要深入了解社会和文化变化对文物的影响。例如，一些古老的建筑和艺术品，可能会因为现代建筑风格的兴起而失去原有的特色和魅力。这时，需要及时采取措施，保护这些文物的原有风貌，防止其受到进一步的破坏。此外，还需要关注社会公众对文物的态度和认知，通过教育和宣传活动，提高公众对文物的保护意识和责任感。关注社会和文化变化，及时调整保护策略，这是保持对文物的敏感性和关注度的关键。只有这样，才能更好地保护这些珍贵的文化遗产，让后人也能感受到它们所承载的历史和文化信息。

5. 与当地社区合作

田野文物保护是一项至关重要的任务，不仅需要专业人士的贡献，还需要当地社区的参与和支持。通过与当地社区建立紧密的合作关系，相关人员可以更好地理解当地的文化、传统和价值观，并更好地保护这些珍贵的文化遗产。田野文物保护不仅是一种责任，更是一种使命。它需要人们共同努力，共同守护历史和文化遗产。

与当地社区合作可以增强对当地文化的理解和敏感性。通过与当地社区的合作，相关人员可以获取更多的信息和资源，更好地了解当地人的生活方式和文化传承方式；也可以更好地理解当地人对文化遗产的态度和看法，从而更好地制定保护计划和措施。

与当地社区合作还可以促进社区参与和文化传承。当地社区是文化遗产传承和保护的重要力量，他们最了解当地的文化遗产和传统。与当地社区的合作，可以激发他们的参与热情和文化传承意识，让他们成为田野文物保护的重要合作伙伴。还可以通过教育和培训等方式，提高当地社区的文化素养和保护能力，为田野文物保护事业做出更大的贡献。

（三）文化敏感性与文物保护的平衡

在文物保护领域，文化敏感性是一个重要的考虑因素。它要求人们在保护文物的同时，尊重和理解文物所代表的文化和历史背景。这种敏感性有助于人们以一种尊重和负责任的方式，来平衡保护文物和尊重文化历史的关系。

一方面，文化敏感性体现在对文物的妥善保护上。这意味着不仅要防止文物的物理损坏或化学腐蚀，还要关注文物所处的环境，以及与文物相关的历史信息的完整性和真实性。例如，对一些具有特殊历史意义或文化价值的文物，人们需要采取特殊的保护措施，以保持其历史信息和原始状态。

另一方面，文化敏感性也要求相关人员在保护文物的同时，理解和尊重其背后的文化历史。这包括对文物所代表的历史时期、文化背景、社会环境等进行深入研究，以便更好地理解文物的价值和意义。此外，还需要尊重文物所代表的文化传统和价值观，避免在保护过程中对其造成伤害或冒犯。

在实践中，文化敏感性与文物保护的平衡需要综合考虑多种因素。这包括对文物的类型、价值、状态等进行评估，制定合适的保护方案；对文物所代表的历史时期和文化背景进行深入研究，以理解其背后的故事和意义；对公众进行教育和宣传，提高他们对文物保护和文化历史的认识和尊重。

文化敏感性与文物保护的平衡是一种尊重和负责任的态度，旨在确保文物得到妥善保护的同时，也尊重和理解其背后的文化历史。这需要在实践中不断探索和创新，以实现文物保护和文化传承的可持续发展。

第二节　可持续性与田野文物保护

一、可持续性在田野文物保护中的重要性

（一）促进环境保护和生态平衡

可持续性在田野文物保护中的重要性不容忽视。它不仅对环境保护和生态平衡有着积极的推动作用，而且对于文物的保护和传承也具有深远的意义。

首先，可持续性理念在田野文物保护中的运用有助于减少环境破坏和生态失衡。在开展田野文物保护工作的过程中，人们应该尽量减少对自然环境的影响，保持生态平衡。例如，合理规划文保工程，尽可能使用环保材料，以及保护和恢复周边的生态环境，使文物与自然环境和谐共存。

其次，可持续性理念还能促进文物的保护和传承。通过采用可持续的文物保护方法，人们可以在保护文物的同时，为当地社区提供经济和社会的利益。例如，通过旅游和教育活动，使当地社区从文物保护中获益，增强他们对文物的保护意识和自豪感。

此外，可持续性理念还能提高公众对环境保护和文物价值的认识。宣传和教育活动可以使公众更加了解可持续性在田野文物保护中的重要性，从而促进更多人参与到文物保护和环境保护的行动中来。可持续性在田野文物保护中的运用对环境保护、生态平衡以及文物的保护和传承都具有重要的意义。相关部门应该积极采取措施，加强可持续性理念在田野文物保护中的运用，以促进环境保护和文物的传承与发展。

（二）实现文化遗产的长久保存

可持续性在田野文物保护中扮演着至关重要的角色，对实现文化遗产的长久保存具有不可忽视的重要性。

1. 可持续性是田野文物保护的基石

田野文物保护强调的是一种全面的保护理念，这其中包括了对文物本身的保护，同时也关注文物所在的环境、生态和文化的保护。这种保护不仅需要考虑到文物的历史价值和文化意义，还需要考虑到文物的现实状态和未来的发展。

可持续性是另一个非常重要的理念，它强调在保护文物的同时，需要同时考虑环境、经济和社会三个方面的因素。这种理念与田野文物保护的理念高度契合，因为它们都强调了对文物的全面保护和综合考虑。

在田野文物保护中，需要采取一种可持续的保护方式，这包括了对文物的维护和修复工作，同时也需要考虑到文物的利用和传承问题。在保护文物的同时，也需要考虑到当地经济的发展和社会文化的传承，这需要与当地社区进行密切的合作和协调。田野文物保护是一项艰巨而重要的任务，需要以全面、细致和负责任的态度来对待。

2. 可持续性有助于保护文物的生态环境

在田野文物保护过程中，可持续性是非常重要的。这意味着人们不仅要关注文物本身，还要将文物的生态环境纳入保护范围。这里的生态环境包括文物所在地的土壤、水质、气候等自然环境，以及与文物紧密相关的社会文化环境，如传统工艺和风俗习惯等。这些环境因素对文物的长久保存起着至关重要的作用。为了确保文物的可持续性保护，需要采取一系列措施。首先，要保护好文物的自然环境，确保文物不会受到环境污染和自然灾害的威胁。这可以通过建立自然保护区、限制开发、加强环境监测等手段来实现。其次，要保护好与文物相关的社会文化环境，传承和弘扬传统文化，让后人能够了解和认识这些文物的历史和文化价值。这可以通过开展文化教育、传承人培训、文化交流等活动来实现。只有当文物的自然和社会文化环境都得到有效保护时，文物的长久保存才有可能。因此，需要制定全面的保护计划，将可持续性理念贯穿于整个保护过程中，确保文物能够永久地保存下去，为后人留下宝贵的文化遗产。

3. 可持续性有助于平衡保护与利用的关系

田野文物保护不是意味着将其孤立地保护起来，而是要寻求一种可持续的方法，在维护文物完整性的同时，也要让人们能够充分欣赏到这些宝贵的历史文化遗产的魅力。因此，需要找到一个最佳的平衡点，既能够确保文物的长久保存，又能够满足社会大众对于文化的渴望和需求。

为了实现这一目标，需要采取一系列措施。首先，加强对田野文物的监测和维护工作，及时发现和解决潜在的安全隐患，确保文物的长久保存。其次，开展各种形式的宣传和教育活动，让更多的人了解和认识田野文物的历史文化价值，提高公众的文物保护意识。此外，还需要鼓励社会各界积极参与田野文物保护工作。政府可以出台相关政策，提供资金支持，鼓励企业、社会组织和个人参与文物保护工作。同时，还可以通过与教育机构、文化机构等合作，共同开展文物保护工作，让更多的人能够亲身参与到文物保护中来。

4. 可持续性有助于推动社区参与和文化传承

田野文物的保护不仅仅是专家和政府的事情，更需要社区的参与和共同努力。可持续性强调社区的参与和合作，通过教育和培训等方式，提高公众对文化遗产的认识和保护意识。这不仅可以增强公众对田野文物保护的理解和支持，还有助于推动文化的传承和发展。

5. 可持续性是衡量田野文物保护成效的重要标准

田野文物保护的成效如何，是否实现了长久保存的目标，可持续性是一个重要的衡量标准。通过评估可持续性的实现程度，人们可以了解田野文物保护工作的实际效果，及时发现问题并采取改进措施。

（三）推动文物的合理利用和传承

可持续性在田野文物保护中具有至关重要的意义。它不仅关系到文物的保存和保护，而且影响到文物的合理利用和传承。

1. 文物保存和保护的可持续性

田野文物，多为自然状态下的历史遗存，具有极高的历史、艺术、科学价值。然而，这些文物时刻受到自然因素（如风化、腐蚀、地质灾害等）和人为因素（如开发、污染、盗窃等）的影响，导致其存在状态时刻发生变化。因此，可持续性的保护方案对田野文物的保存至关重要。这种保护应包括定期的巡查、评估、修复，以及使用适当的材料和技术进行维护和保护，确保文物的持久性和稳定性。

2. 文物合理利用的可持续性

田野文物不仅是历史的见证，也是人类文化的瑰宝。为了充分发挥其价值，需要对这些文物进行合理的利用。这种利用应当是可持续的，即在保护文物的前提下进行。例如，适当的旅游开发、教育活动、科学研究等，可以使更多的人了解和接触到田野文物，从而扩大其影响力，同时也能为当地的经济发展提供支持。

3. 文物传承的可持续性

田野文物的价值不仅在于其物质本身，更在于其所承载的历史和文化信息，因此对文物的传承同样重要。这需要相关部门通过教育、培训、研究等方式，使更多的人了解和掌握与文物相关的知识和技能；还需要创造条件，使这些知识和技能能够在代际之间进行传递，确保文物的传承不会因为时间的推移而中断。

可持续性在田野文物保护中具有至关重要的意义。只有通过可持续的保护、利用和传承，人们才能确保这些宝贵的文化遗产得以长久的保存和传承下去。

二、田野文物保护在可持续发展中的贡献

（一）保护历史文化遗产，维护社会文化多样性

1. 保护文化多样性

田野文物保护针对的是具体的、独特的文化遗产，这些遗产是不同文化、不同民族、不同地域的独特历史和文化的体现。保护这些文化遗产，维护了

文化的多样性，使得后人能够了解和体验到丰富多彩的文化传统。

2. 传承历史与文化

田野文物保护不仅是保护一个个具体的文物，更是保护了历史与文化的传承。每一件文物都有其背后的故事和历史。它们是历史的见证，是文化的载体。保护这些文物就是保护历史和文化，使得后人能够了解和学习到历史和文化传统。

3. 科学研究价值

田野文物保护在科学研究领域中扮演着至关重要的角色。这些珍贵的文化遗产不仅代表着当时的社会风貌，还蕴含着丰富的历史信息。通过对田野文物的科学分析和研究，相关人员能够深入探究当时的社会制度、经济结构、技术水平、艺术风格等方面的实际情况，为人们理解历史和文化提供强有力的依据。田野文物保护的另一个重要意义在于，田野文物是人类文明的载体，见证了人类文明的发展和演变。这些文物不仅代表着过去的文化遗产，也为相关人员提供了思考人类未来的重要视角。通过对田野文物的深入研究，相关人员可以更好地理解人类文明的演变过程，预测未来可能的发展趋势，为人类社会的可持续发展提供有益的启示。

此外，田野文物保护还有助于提升人们对文化遗产的认识和尊重。通过对这些珍贵文物的保护和传承，人们可以让更多的人了解和认识文化遗产的重要性，激发人们对历史的敬畏之情，增强全社会的文化自信和认同感。

4. 教育意义

田野文物保护对于教育也具有重要意义。对文物的展示和讲解，可以让公众更好地了解和认识历史和文化，提高他们的文化素养和历史意识。

总之，田野文物保护在可持续发展中扮演着重要的角色。它不仅保护了历史文化遗产，维护了社会文化多样性，还为科学研究、教育等方面提供了重要的支持和贡献。

（二）提高民众对文化遗产的认识和保护意识

田野文物保护在可持续发展中对于提高民众对文化遗产的认识和保护意识有着重要的贡献。

1. 增进对文化遗产的了解

田野文物保护通常涉及对历史建筑、古迹、遗址和其他文化遗产的维护和保存。通过这些保护工作，人们可以更好地了解文化遗产的历史、文化、艺术和科学价值，从而增强对文化遗产的认知和理解。

2. 培养保护意识

田野文物保护工作通过示范和宣传，向公众传达文化遗产保护的重要性。这有助于激发人们对文化遗产的热爱和尊重，培养他们的保护意识，使更多人愿意参与到文化遗产的保护事业中来。

3. 促进可持续发展

田野文物保护不仅关注文化遗产的保存，还关注其可持续发展。合理利用和开发文化遗产资源，可以实现文化旅游业的发展，带动地方经济，同时也能在保护文化遗产的同时，使其得到更好的传承和发展。

4. 提升社会参与度

田野文物保护工作通常需要社区居民的参与和支持。开展社区活动、志愿者项目和教育培训，可以提高公众对文化遗产保护的参与度，增强社区凝聚力，同时也能让更多人了解和关注文化遗产保护工作。

三、可持续性与田野文物保护的相互促进

可持续性与田野文物保护之间的相互促进关系构成了一个复杂的互动网络。文化传承与社会认同在其中发挥着核心作用。保护田野文物不仅有助于弘扬民族文化，还能增强公众对可持续发展目标的认同感。此外，合理开发利用这些文化遗产资源，可以带动经济发展和创造就业机会，从而促进经济

增长和提升社会福祉。教育和提高公众意识是这一过程中不可或缺的一环。它不仅提升了人们对环境和文化遗产保护的认识，也反过来加强了可持续发展的实践。政策和法规的完善为田野文物保护提供了坚实的法律基础，同时也推动了社会整体向可持续发展转型。技术创新在提高田野文物保护效率的同时，也为其他可持续发展领域带来了技术应用的机遇。生态保护和环境改善是田野文物保护的直接结果，有助于维护生态平衡和提高环境质量。社区参与和地方发展通过鼓励社区成员参与保护工作，增强了地方文化的活力和经济的繁荣。国际合作和文化交流在这一过程中起到了桥梁作用，促进了不同文化之间的相互理解和全球可持续发展伙伴关系的构建。资源的合理利用和循环经济的理念在田野文物保护中的应用，推动了经济的绿色转型。历史研究和未来规划的结合，为城市的可持续发展提供了历史智慧和前瞻性指导。这种多维度的相互作用确保了可持续性与田野文物保护能够相互促进，共同推动社会、经济、文化和环境的和谐发展。

第三节　社区参与与合作伙伴关系

田野文物保护社区参与与合作伙伴关系是一种积极、有效的保护文化遗产的方式。这种关系涉及多个利益相关者，包括政府机构、专业文物保护机构、社区居民以及企业和非营利组织等。

在这种关系中，社区居民作为文化遗产的所有者和传承者，发挥着至关重要的作用。他们不仅需要参与到文物保护的规划和实施中，还需要承担起保护和传承文化遗产的责任。社区居民可以通过组织活动、宣传教育等方式，提高公众对文物保护的认识和重视程度，促进社会参与和文化传承。

政府机构和专业文物保护机构则可以提供技术支持和政策支持，协助社区居民开展文物保护工作。专业文物保护机构可以提供专业的修复技术、考古学知识、保护规划等方面的支持，帮助社区居民更好地保护和传承文化遗产。同时，政府机构可以通过制定相关政策和法规，加强对文物保护的监管和管理，确保文化遗产得到充分保护和合理利用。

企业和非营利组织也可以在田野文物保护社区参与与合作伙伴关系中发挥重要作用。它们可以提供资金支持、物资捐赠、志愿者服务等，帮助社区居民更好地开展文物保护工作；还可以通过与社区居民合作，共同开发文化旅游、文化创意产业等，促进文化遗产的传承和利用。

这种合作伙伴关系还具有深远的社会影响。通过社区参与，公众能够更加深入地了解和接触文化遗产，从而增强文化自信和认同感。这对于提升社会凝聚力和促进社区发展具有积极的作用。此外，这种合作伙伴关系还为政府、专业机构、企业和非营利组织提供了一个合作平台，促进了跨部门、跨领域的合作与协调。

为了实现田野文物保护社区参与与合作伙伴关系的持续发展，需要建立一套有效的合作机制。这包括制定明确的合作目标、任务和责任分工，建立定期沟通与协商机制，以及设立评估与反馈机制等。政府应发挥主导作用，为合作伙伴提供政策支持和资源投入，同时也要充分尊重社区居民的主体地位，激发他们的积极性和创造力。

此外，还需要注重培养专业的文物保护人才。通过教育和培训项目，政府提高社区居民的文物保护意识和技能水平，使他们能够更好地承担起保护和传承文化遗产的责任还要鼓励和支持企业和非营利组织参与人才培养，提供资金和技术支持，共同推动文物保护事业的发展。

田野文物保护社区参与与合作伙伴关系的发展需要广泛的社会宣传和推广。通过媒体、文化活动、展览等方式，政府提高公众对文物保护的认识和重视程度，增强社会参与意识。同时，也要加强对合作伙伴的宣传和表彰，鼓励更多的组织和机构加入这个事业中来。

田野文物保护社区参与与合作伙伴关系是一种多赢的保护方式，可以促进社会参与和文化传承，提高公众对文物保护的认识和重视程度，同时也可以促进经济发展和社会进步。

参考文献

[1] 陈林．基层文物保护管理工作的现状和措施研究 [J]. 卷宗，2021（6）: 382-383.

[2] 王丽芬．基层文物保护管理工作的现状与对策分析 [J]. 文化创新比较研究，2022，6（16）: 93-96.

[3] 王美玲．博物馆文物保护管理工作完善开展的策略分析 [J]. 畅谈，2021（13）: 16-18.

[4] 姜军．浅谈基层文物保护管理工作现状与对策 [J]. 卷宗，2021，11（10）: 33.

[5] 韩莎莎．基层文物保护管理工作的现状和措施研究 [J]. 卷宗，2021，11（15）: 356-357.

[6] 刘慧玲．基层文物保护单位文物保护管理工作探究：以靖边县文物管理所为例 [J]. 文物鉴定与鉴赏，2021（3）: 114-116.

[7] 付创杰．基层文物保护管理工作现状与对策研究：以傅作义故居为例 [J]. 文物鉴定与鉴赏，2022，227（8）: 140-143.

[8] 范青青．基层文物保护管理工作的现状与对策分析 [J]. 租售情报，2021（14）: 45-46.

[9] 杨文泉．对加强基层文物保护管理工作及对策的粗浅认识 [J]. 文渊（高中版），2021（5）: 101.

[10] 鞠香艳，李林艳．新时期提高文物保护管理工作效率的策略研究 [J]. 商品与质量，2021（27）: 24.

[11] 何潇雨．文物保护单位记录档案管理工作存在问题及思考：以汉长安城

遗址记录档案工作为例 [J]. 丝绸之路，2022（2）：160–164.

[12] 张石惠. 县级馆藏文物的保护管理工作探讨：以湖北省枝江市博物馆为例 [J]. 文物鉴定与鉴赏，2021（6）：160–162.

[13] 杨帅. 如何做好县级馆藏文物的保护管理工作：以昌乐县文化旅游事业发展中心为例 [J]. 文物鉴定与鉴赏，2021（22）：99–101.

[14] 何小花. 文物保护修复档案管理工作的重要性探思 [J]. 文渊（小学版），2021（3）：150.

[15] 周令红. 提高文物保护管理单位政工工作效率的措施分析 [J]. 魅力中国，2021（52）：52–53.

[16] 钟志诚. 探究博物馆文物管理工作存在的问题及其对策：以华侨博物院为例 [J]. 文物鉴定与鉴赏，2021，210（15）：118–120.

[17] 安康. 直面现实的高校国保单位保护管理工作机制转型：以上海交通大学及相关高校为例 [J]. 中国文化遗产，2021（2）：52–57.

[18] 曹继东. 浅谈地方博物馆青铜器保护与修复：以常州市金坛区博物馆馆藏青铜器保护修复项目为例 [J]. 文物鉴定与鉴赏，2023，252（9）：17–20.

[19] 马江丽. 人工智能平台 Art-Risk 3.0 在古建筑预防性保护中的应用 [J]. 文物保护与考古科学，2023，35（1）：156–157.

[20] 李冬梅. 博物馆文物资产管理特点及其改革方向研究 [J]. 行政事业资产与财务，2023（13）：1–4.

[21] 杨莉玲. 博物馆藏品的保管利用与新思考：以上海博物馆工艺库房为例 [J]. 文物鉴定与鉴赏，2023（8）：53–57.

[22] 黄婧. 基于 NAS 私有云技术的文物保护修复数据管理利用方法探索：以故宫博物院文物医院为例 [J]. 中国文物科学研究，2023（1）：30–36.

[23] 郑小明. 新时代背景下闽北文物古建筑保护工作的策略研究 [J]. 文物鉴定与鉴赏，2023，254（11）：34–37.

[24] 唐琳，张通，张剑葳，等. 基于 GIS 和三维激光扫描技术的北京大学文

物管理信息系统研究 [J]. 中国教育技术装备，2023（10）：8-10，14.

[25] 胡文英. 中国古代壁画文物保护行业标准探究：以繁峙南关村墓葬壁画和阳曲轩辕庙壁画价值评估为例 [J]. 中国标准化，2023（6）：95-100.

[26] 刘丽娜，刘家沂. 本体保护到综合治理：我国水下文物保护法治进路的思考，兼谈《保护水下文化遗产公约》最佳实践名录的启示 [J]. 中国文化遗产，2023，116（4）：47-55.

[27] 宋文佳. 文物保护工程档案管理相关问题及对策研究 [J]. 档案管理，2022（3）：127-128.

[28] 徐舒. 多元应用多维展示：3D 技术应用于文物领域的措施探讨 [J]. 文物鉴定与鉴赏，2022，226（7）：45-48.

[29] 尹宝华. 文物档案在文物保护中的作用与利用：以日照市为例 [J]. 黑龙江档案，2022（2）：195-197.

[30] 刘秀娟. 建构社会主义新文化：新中国第一批全国重点文物保护单位的选定及意义 [J]. 南方文物，2022（1）：266-269.

[31] 洪霞芳，黄灵光. 基于 GIS 的江西省红色旅游资源空间分布格局分析：以不可移动革命文物为例 [J]. 企业经济，2022，41（2）：125-131.

[32] 赵愈，刘硕，徐雅男. 基于关键链技术的古建筑保护修缮项目进度管理研究 [J]. 建筑与预算，2022（5）：58-61.

[33] 杨隽永. 苏州甪直古镇保圣寺尊胜陀罗尼经咒经幢病害检测与原址保护 [J]. 石材，2022（4）：26-35.

[34] 陈嘉雯. 新时代博物馆"我为群众办实事"实践活动的策划与管理：以深圳博物馆为例 [J]. 文物鉴定与鉴赏，2022，230（11）：132-135.

[35] 李安萍，张立南. 浅谈博物馆（纪念馆）文物藏品档案管理工作：以安源路矿工人运动纪念馆为例 [J]. 文物鉴定与鉴赏，2022，222（3）：85-87.

[36] 吴修民，王微恒，雷鸿鹭. 上山文化遗址群保护管理实践初探：以浙江省国土空间规划文物保护专项为背景 [J]. 自然与文化遗产研究，2022，7

（6）：44-57.

[37] 赵荣.提升完善"国家考古公园"制度创新大遗址保护新思路和新方法：
以陕西为例 [J].中国文化遗产，2022，110（4）：7-9.

[38] 郁健琼.浅析文物科技信息及共享：以上海博物馆藏品信息管理为例 [J].
科技风，2022（17）：65-67.

[39] 沈阳.中国世界文化遗产保护管理规划发展历程及未来趋势 [J].中国文
化遗产，2022，111（5）：23-29.

[40] 付梓杰.气候变化视角下的文化遗产：2022 年度国际古迹遗址日"遗产
与气候"学术研讨会综述 [J].中国文化遗产，2022，109（3）：104-110.